세상에 하나뿐인
앞치마

세상에 하나뿐인 앞치마

초판 1쇄 인쇄 2021년 7월 7일
초판 1쇄 발행 2021년 7월 14일

지은이 부티크사 편집부
옮긴이 장인주

발행인 장상진
발행처 경향미디어
등록번호 제313-2002-477호
등록일자 2002년 1월 31일

주소 서울시 영등포구 양평동 2가 37-1번지 동아프라임밸리 507-508호
전화 1644-5613 | **팩스** 02) 304-5613

ISBN 978-89-6518-334-1 13630

· 값은 표지에 있습니다.
· 파본은 구입하신 서점에서 바꿔드립니다.

☑ FEMININE   ☑ STYLISH   ☑ SIMPLE

세상에 하나뿐인
앞치마

부티크사 편집부 지음
장인주 옮김

경향미디어

내 마음에 쏙 드는 앞치마라서
오늘도 요리가 즐겁다

스타일링도 살림도 즐길 수 있는 예쁜 앞치마를 소개합니다.
실용성은 물론 여심을 저격하는 아기자기한 포인트가 가득한 디자인입니다.
홈파티를 열거나 요리교실에 갈 때에도 분명 관심이 집중될 거예요.
매일 사용하는 앞치마이니만큼 나만의 앞치마로 살림에 재미를 더해보세요.
바느질의 기본과 이 책에서 자주 사용하는 부분 바느질을 상세사진과 함께
설명하고 있으니 초보자도 쉽게 따라 할 수 있습니다.
그럼 같이 만들어볼까요?

Contents

프롤로그
p.5

롱 앞치마
p.54

브이넥 앞치마
p.56

심플 앞치마 1
p.64

심플 앞치마 2
p.70

바리스타 앞치마
p.74

바느질 기초 & 부분 바느질
p.82

도안 읽는 법
p.85

실물 크기 옷본 사용법
p.86

일러두기
이 책에 게재된 작품은 실물 크기 옷본과 그것을 응용해서(직선 파트 제외) 만들 수 있습니다.
실물 크기 옷본은 86쪽 설명을 본 후 다른 종이에 덧그려서 사용해주세요.

Handmade Apron

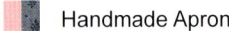

리본&
프릴 앞치마

☑ Feminine ☐ Stylish ☐ Simple

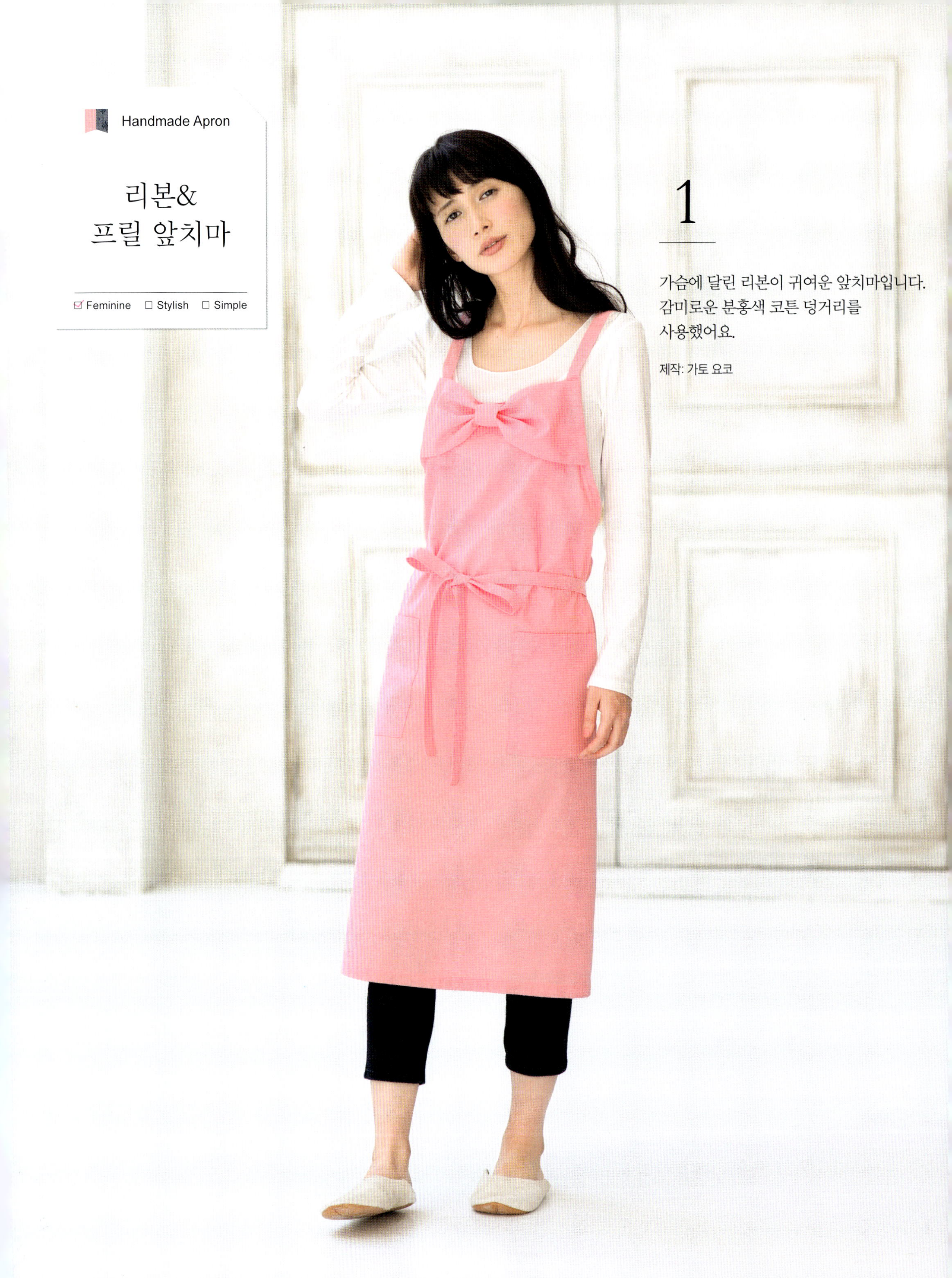

1

가슴에 달린 리본이 귀여운 앞치마입니다.
감미로운 분홍색 코튼 덩거리를
사용했어요.

제작: 가토 요코

2

1의 가슴 부분을 프릴로 응용했어요.
자수를 놓은 것 같은 프린트 원단이
스타일리시해 보입니다.

제작: 가토 요코

BACK STYLE

재료		사용량
옷감(코튼 덩거리)	110cm	1m 80cm
단추	지름 15mm	4개
접은 바이어스 테이프	폭 12.7mm	1m

옷본

◆ **실물 크기 옷본**: A면1을 사용한다.

◆ **사용 부분**: 몸판·주머니·덧댐천 / 안단

* 어깨끈, 허리끈, 리본A, 리본B는 직선 부분이므로 옷감에 직접 그려서 마름질하세요.

옷감 마름질하는 법

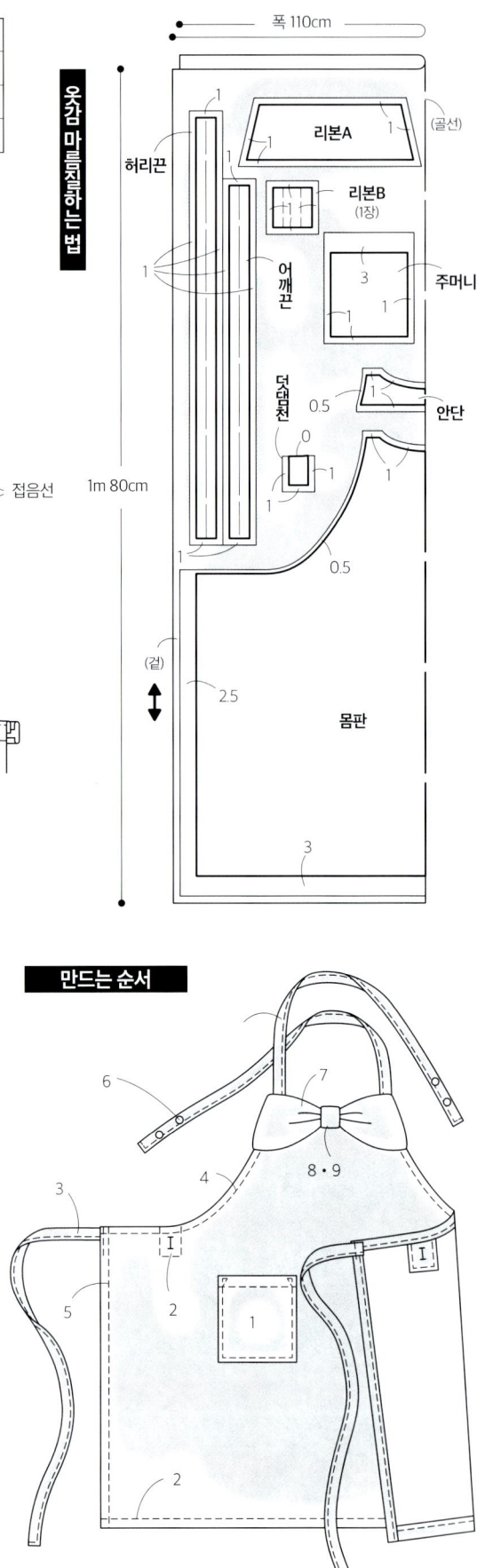

폭 110cm

허리끈

리본A 1 (골선)

리본B (1장)

어깨끈

주머니 3

덧댐천 0.5

안단

1

1

1m 80cm

(겉)

0.5

2.5

몸판

3

제도

어깨끈(2장)

4

뒷부분

5

5

0.2

접음선

2

75

리본A(2장)

2.5   2.5

12

36

리본B(1장)

8

2   2

8

접음선

바이어스 테이프

어깨끈 다는 위치

13

2

3

3

0.7

0.2

안단

4.5

1

28

17

허리끈
다는 위치

2   2

6

단춧구멍

4

덧댐천

0.5   1.8

0.2

주머니

18

17

몸판

10

8

64

앞판
중심선
(골선)

1.3

1.8

50

2

0.2

허리끈(2장)
(↔)

접음선

4

90

만드는 순서

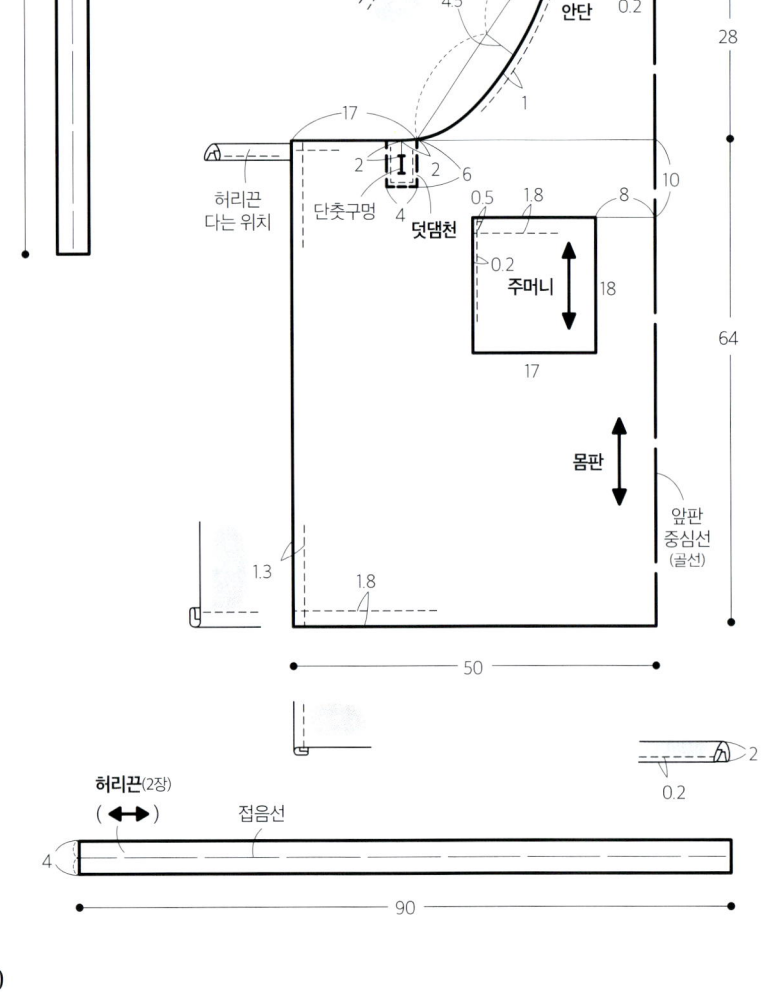

6

7

8 · 9

4

3

5

2

1

I

I

2

2

1. 주머니를 만들어서 단다.(p.34, p.84 참조)

2. 덧댐천을 달고, 밑단선을 박는다.

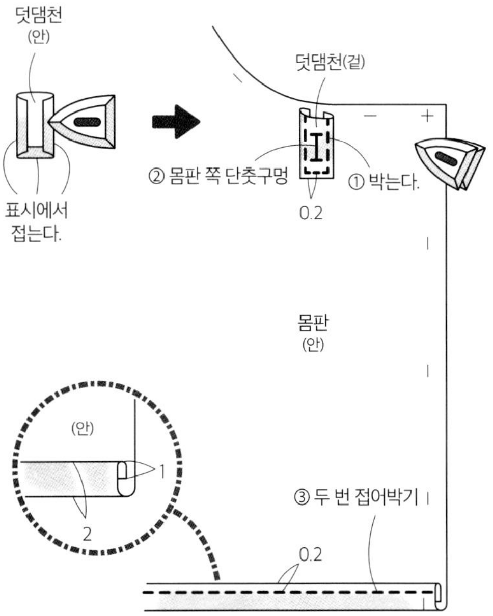

덧댐천
(안)

표시에서
접는다.

덧댐천(겉)

② 몸판 쪽 단춧구멍

① 박는다.

0.2

몸판
(안)

(안)

1

2

③ 두 번 접어박기

0.2

3. 어깨끈과 허리끈을 만든다.(p.13 참조)

4. 진동둘레와 가슴판을 박는다.

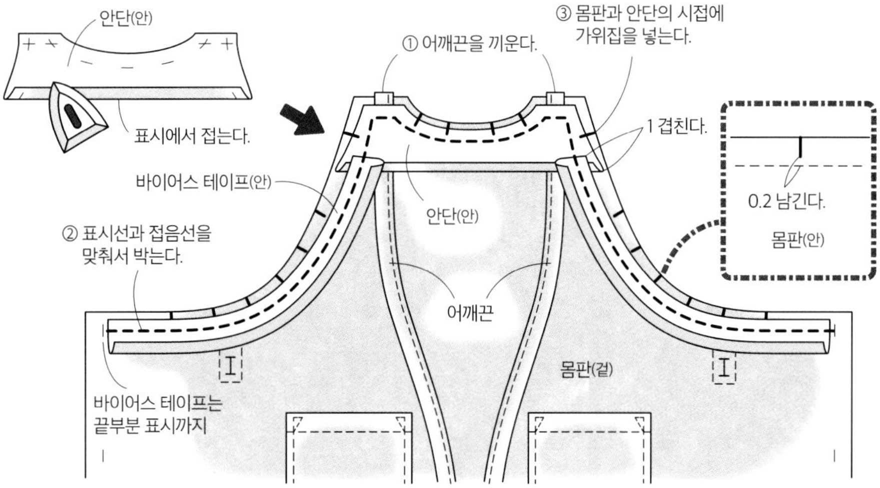

안단(안)

표시에서 접는다.

① 어깨끈을 끼운다.

③ 몸판과 안단의 시접에
가위집을 넣는다.

바이어스 테이프(안)

② 표시선과 접음선을
맞춰서 박는다.

안단(안)

어깨끈

1 겹친다.

0.2 남긴다.

몸판(안)

바이어스 테이프는
끝부분 표시까지

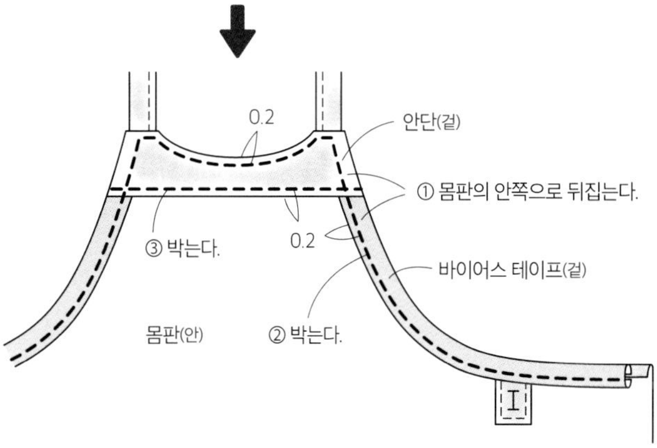

몸판(겉)

0.2

안단(겉)

① 몸판의 안쪽으로 뒤집는다.

③ 박는다.

0.2

바이어스 테이프(겉)

몸판(안)

② 박는다.

5. 허리끈을 끼워서 뒤판 끝선을 박는다.

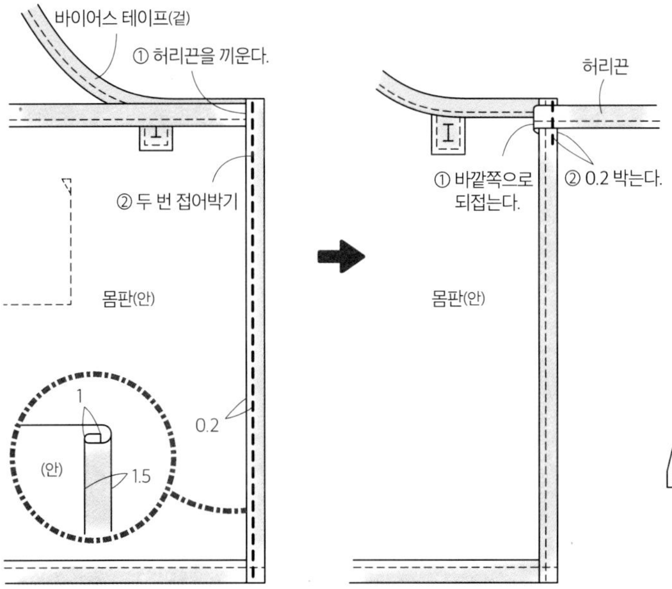

바이어스 테이프(겉)

① 허리끈을 끼운다.

② 두 번 접어박기

몸판(안)

1

(안)

1.5

0.2

허리끈

① 바깥쪽으로
되접는다.

② 0.2 박는다.

몸판(안)

6. 어깨끈에 단추를 단다.

7. 리본A를 만든다.

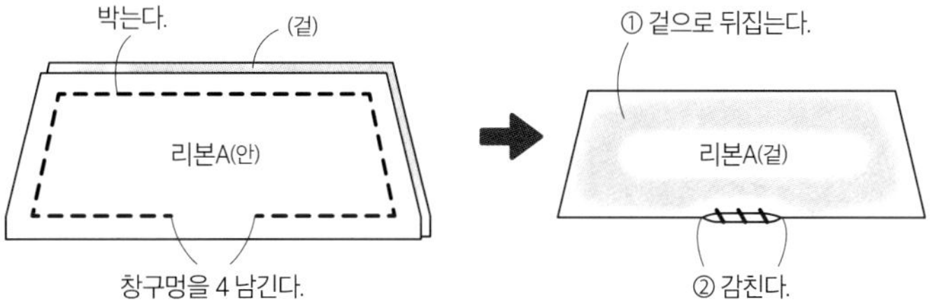

박는다.

(겉)

리본A(안)

창구멍을 4 남긴다.

① 겉으로 뒤집는다.

리본A(겉)

② 감친다.

8. 리본B를 만든다.

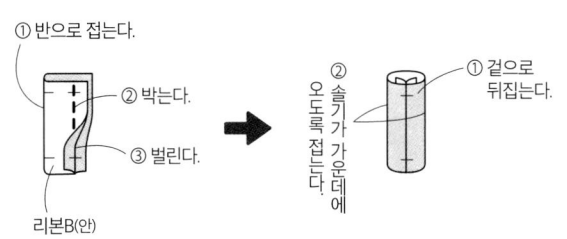

① 반으로 접는다.

② 박는다.

③ 벌린다.

리본B(안)

② 솔기가 가운데에 오도록 접는다.

① 겉으로
뒤집는다.

9. 리본A와 리본B를 감아서 몸판에 단다.

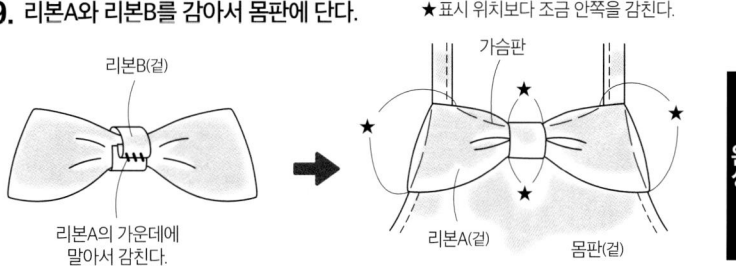

리본B(겉)

리본A의 가운데에
말아서 감친다.

★ 표시 위치보다 조금 안쪽을 감친다.

가슴판

리본A(겉)

몸판(겉)

완성

재료		사용량
옷감(면 샴브레 프린트)	폭 108cm	1m 80cm
단추	지름 15mm	4개
접은 바이어스 테이프	폭 12.7mm	1m

옷본

◆ **실물 크기 옷본**: A면1을 응용합니다.

◆ **사용 부분**: 몸판·주머니·덧댐천

* 어깨끈, 허리끈, 프릴A, 프릴B는 직선 부분이므로 옷감에 직접 그려서 마름질하세요.

◆ **옷본 수정법**

* 가슴판을 직선으로 하여 바대를 교체합니다.

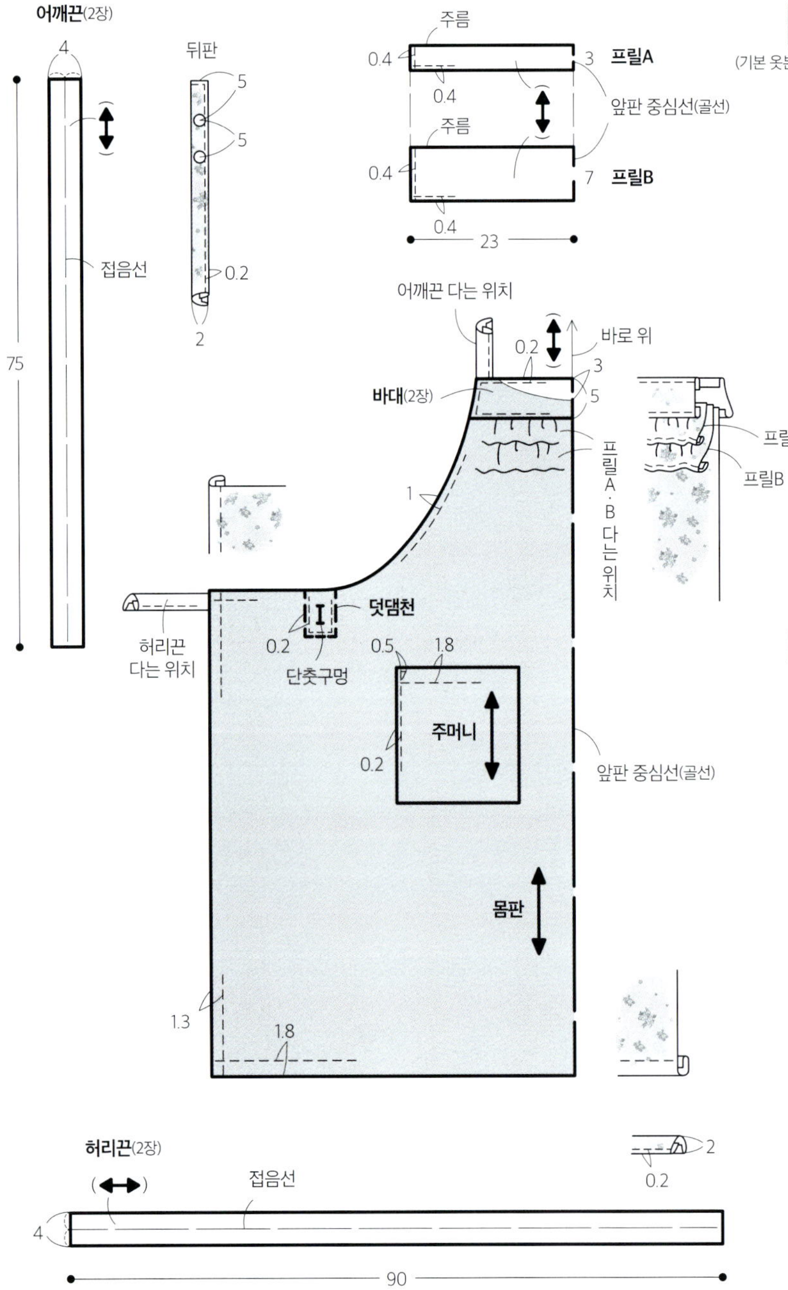

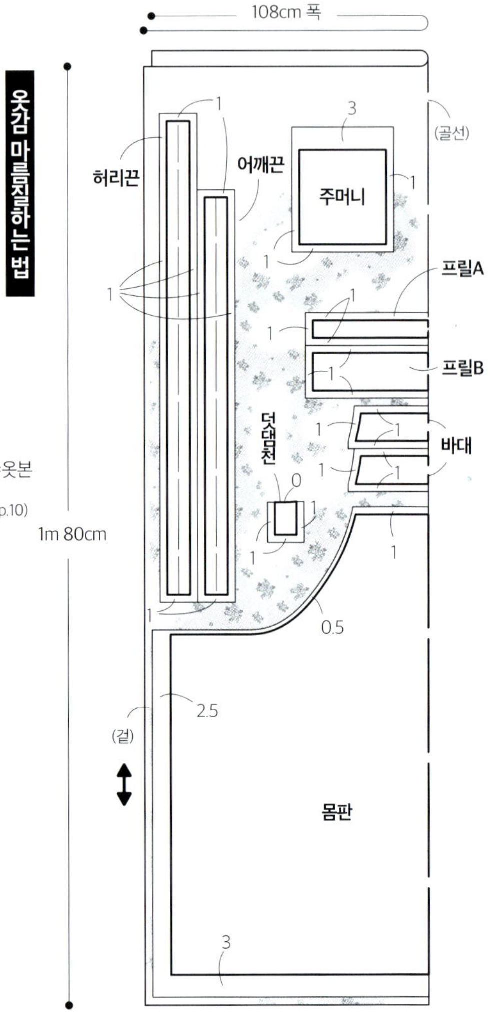

옷감 마름질하는 법

108cm 폭

허리끈   어깨끈   주머니   (골선)

프릴A

프릴B

덧댐천   바대

1m 80cm

(겉)   2.5   0.5

몸판   3

□ =옷본
(기본 옷본 제도는 p.10)

어깨끈(2장)
4
뒤판   5
5
접음선   0.2
75   2

주름
0.4   3   **프릴A**
0.4
0.4   앞판 중심선(골선)
주름
0.4   7   **프릴B**
0.4   23

어깨끈 다는 위치
바로 위
0.2   3
바대(2장)   5
프릴A
1   프릴B
프 릴 A · B 다 는 위 치

허리끈
다는 위치
0.2   **덧댐천**
단춧구멍   0.5   1.8
0.2   **주머니**
앞판 중심선(골선)
몸판
1.3   1.8

허리끈(2장)
2
접음선   0.2
4
90

만드는 순서

4
8   7
3
4   6
5   1
2
2

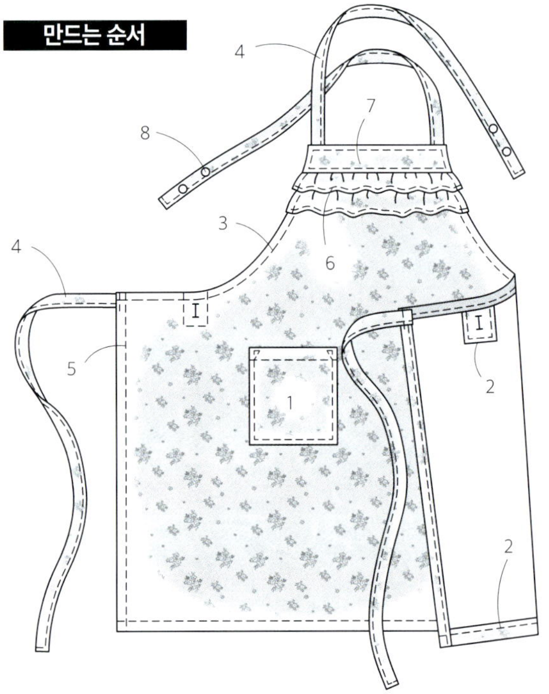

만드는 법

1. 주머니를 만들어서 단다.(p.34, p.84 참조)

2. 덧댐천을 달고, 밑단선을 박는다.(p.11 참조)

3. 진동둘레를 박는다.

4. 어깨끈과 허리끈을 만든다.

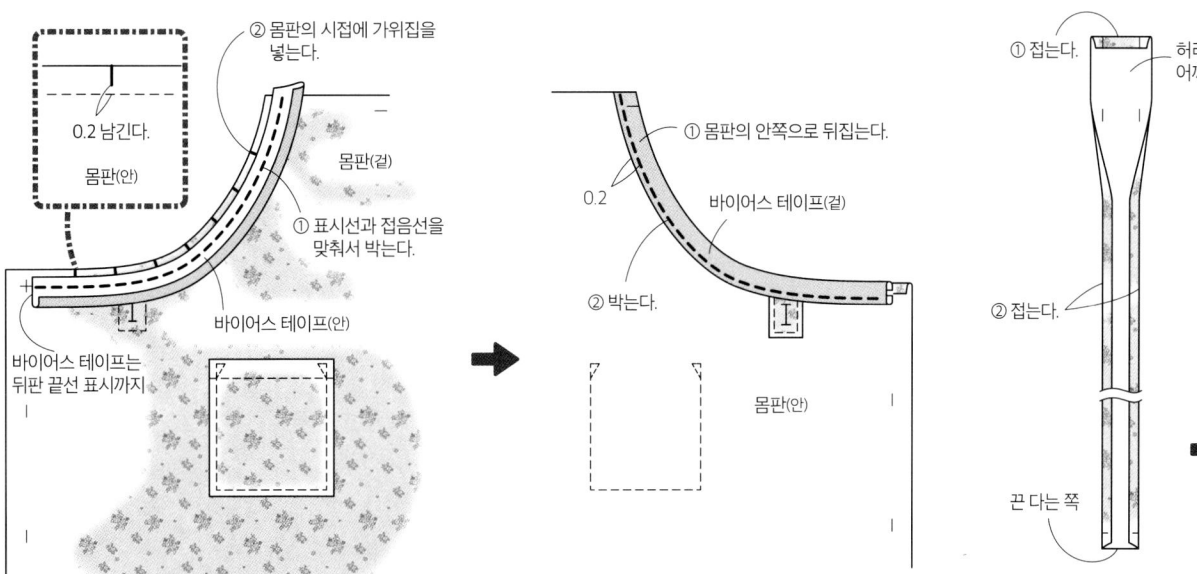
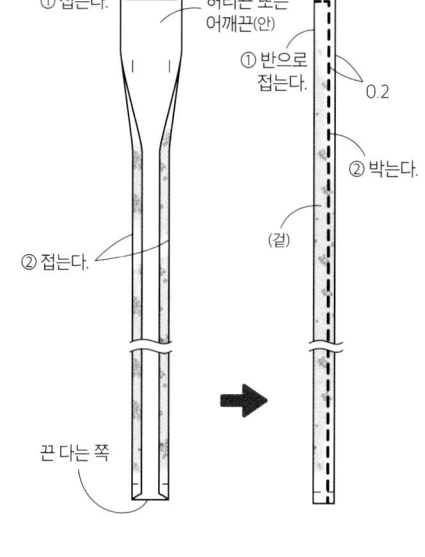

5. 허리끈을 끼워서 뒤판 끝선을 박는다.(p.11 참조)

6. 프릴을 만든다.(주름 잡는 법은 p.82 참조)

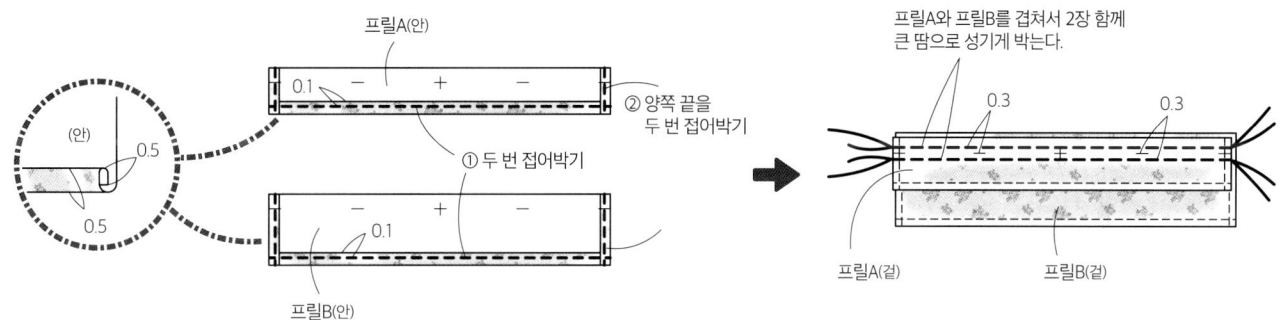

7. 몸판과 프릴과 바대를 잇는다.

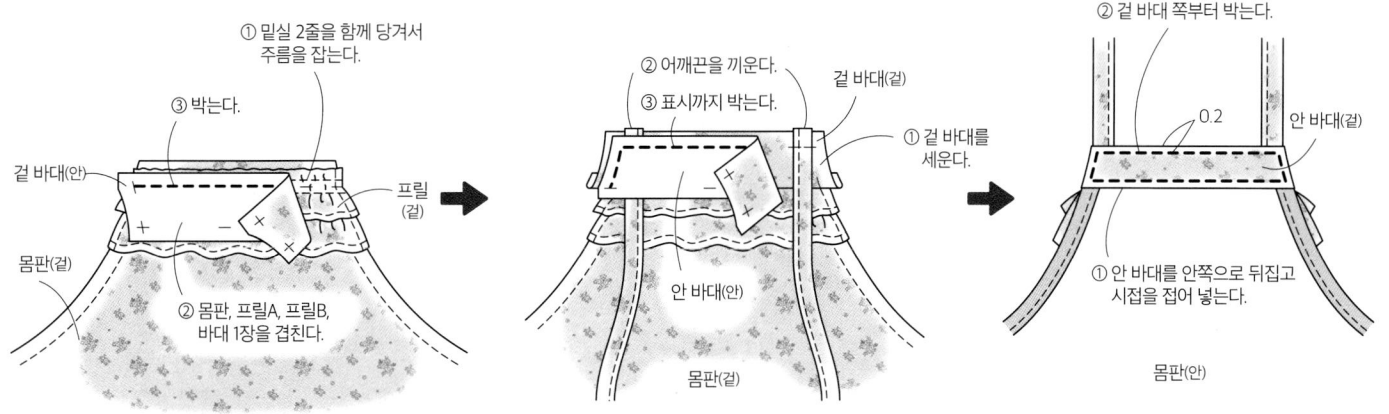

8. 어깨끈에 단추를 단다.　완성

13

캉캉
앞치마

☑ Feminine   ☐ Stylish   ☐ Simple

3

3단 프릴이 화려한 앞치마예요.
홈파티 등 손님을 맞이할 때
입기 좋아요.

제작: 오타 히데미

BACK STYLE

4

3과 같은 디자인으로 모노톤의
깅엄체크와 줄무늬를 조합해서
만들었어요.
캐주얼한 스타일이 사뭇 다른
분위기를 연출합니다.

제작: 오타 히데미

5

만드는 법
p.79

같은 원단으로 만든
헤어밴드로 머리를
예쁘게 정리해보세요.

제작: 오타 히데미

15

3   4

재료		사용량
3 옷감(면마 시팅)	폭 110cm	1m 50cm
4 옷감(면마 깅엄체크)	폭 110cm	1m
4 배색감(면마 줄무늬)	폭 110cm	90cm

옷본

◆ **실물 크기 옷본**: A면11을 사용합니다.

◆ **사용 부분**: 겉·안 가슴바대

* 가슴바대 이외는 직선 부분이므로 옷감에 직접 그려서 마름질하세요.

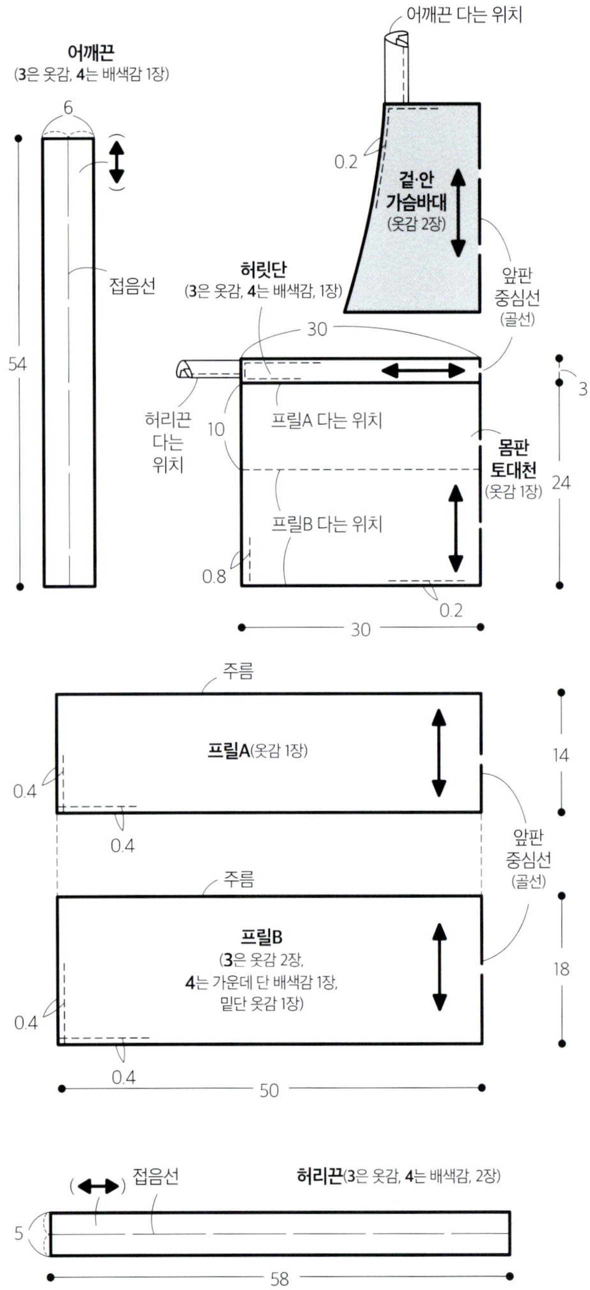

어깨끈
(3은 옷감, 4는 배색감 1장)

6

접음선

54

어깨끈 다는 위치

0.2

겉·안 가슴바대
(옷감 2장)

앞판 중심선
(골선)

허릿단
(3은 옷감, 4는 배색감 1장)

30

허리끈 다는 위치

10

프릴A 다는 위치

몸판 토대천
(옷감 1장)

3

24

프릴B 다는 위치

0.8

0.2

30

주름

프릴A(옷감 1장)

0.4

0.4

14

앞판 중심선
(골선)

주름

프릴B
(3은 옷감 2장,
4는 가운데 단 배색감 1장,
밑단 옷감 1장)

0.4

0.4

50

18

접음선

허리끈(3은 옷감, 4는 배색감, 2장)

5

58

= 옷본(기본 옷본 제도는 p.32)

가슴
바대

허릿단

프릴A

몸판
토대천

프릴B

만드는 순서   공통

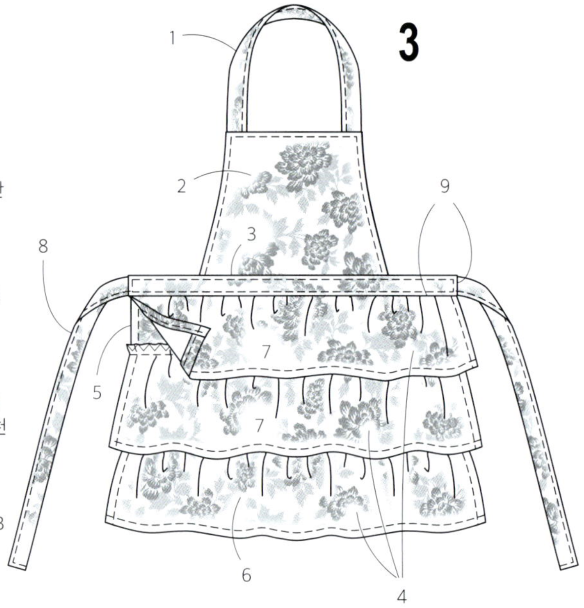

3

1
2
3
8
9
5
7
7
6
4

4

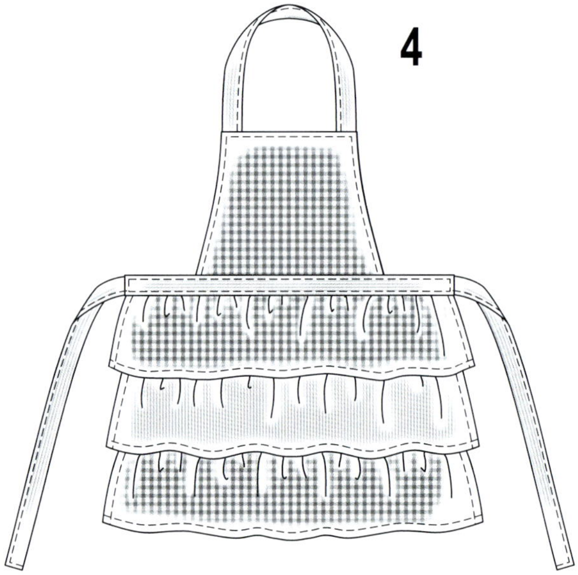

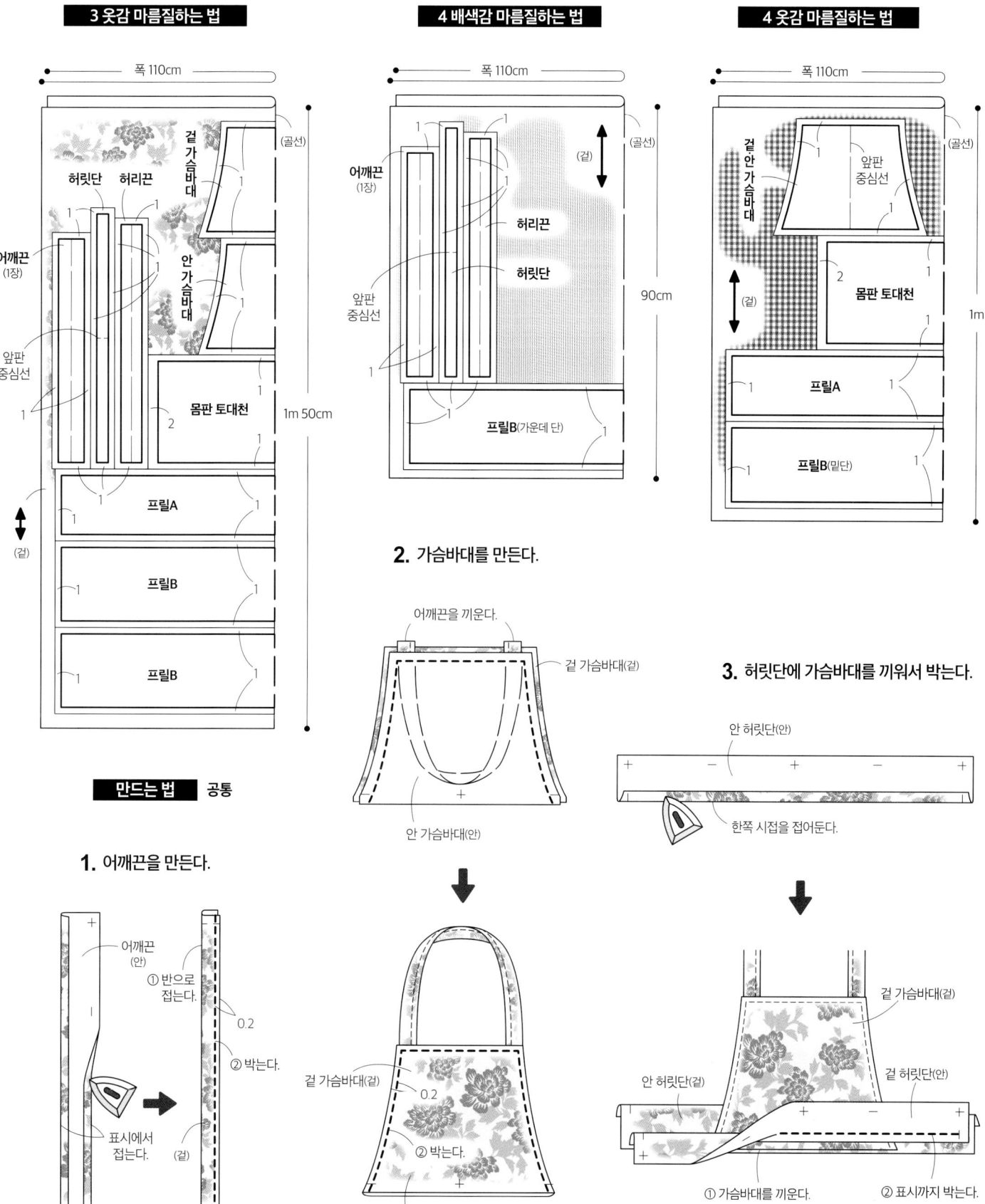

3 옷감 마름질하는 법

폭 110cm

(골선)

허릿단　허리끈

겉 가슴바대

1

안 가슴바대

어깨끈
(1장)

앞판
중심선

1

몸판 토대천

2

1m 50cm

(겉)

프릴A　1

1

프릴B　1

1

프릴B　1

1

4 배색감 마름질하는 법

폭 110cm

(겉) (골선)

1 1

어깨끈
(1장)

허리끈

1

허릿단

앞판
중심선

90cm

1

프릴B(가운데 단)　1

4 옷감 마름질하는 법

폭 110cm

(골선)

겉 안 가슴바대

1 앞판
중심선

1

2 몸판 토대천

1

1m

1 프릴A 1

1 프릴B(밑단) 1

(겉)

만드는 법 공통

2. 가슴바대를 만든다.

어깨끈을 끼운다.

겉 가슴바대(겉)

안 가슴바대(안)

+

1. 어깨끈을 만든다.

어깨끈
(안)

① 반으로
접는다.

0.2

② 박는다.

표시에서
접는다.

(겉)

겉 가슴바대(겉)

0.2

② 박는다.

① 겉으로 뒤집는다.

3. 허릿단에 가슴바대를 끼워서 박는다.

안 허릿단(안)

+ － + － +

한쪽 시접을 접어둔다.

겉 가슴바대(겉)

안 허릿단(겉)

겉 허릿단(안)

+ － +

① 가슴바대를 끼운다.　② 표시까지 박는다.

17

4. 프릴을 만든다.

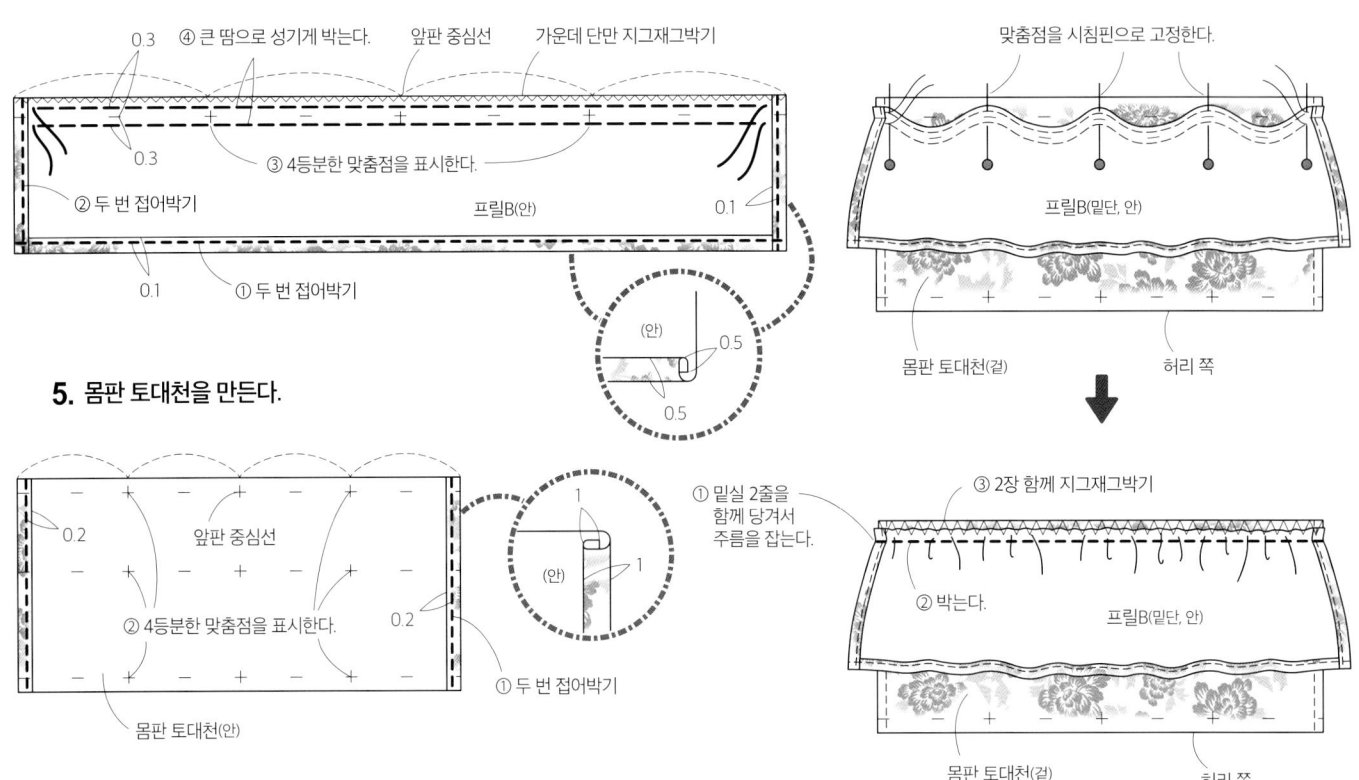

④ 큰 땀으로 성기게 박는다.　앞판 중심선　가운데 단만 지그재그박기

0.3

0.3

② 두 번 접어박기　③ 4등분한 맞춤점을 표시한다.　프릴B(안)　0.1

0.1　① 두 번 접어박기

(안)　0.5

0.5

5. 몸판 토대천을 만든다.

0.2

앞판 중심선

② 4등분한 맞춤점을 표시한다.　0.2

몸판 토대천(안)　① 두 번 접어박기

1

(안)　1

6. 몸판 토대천에 프릴B(밑단)를 단다.
(주름 잡는 법은 p.82 참조)

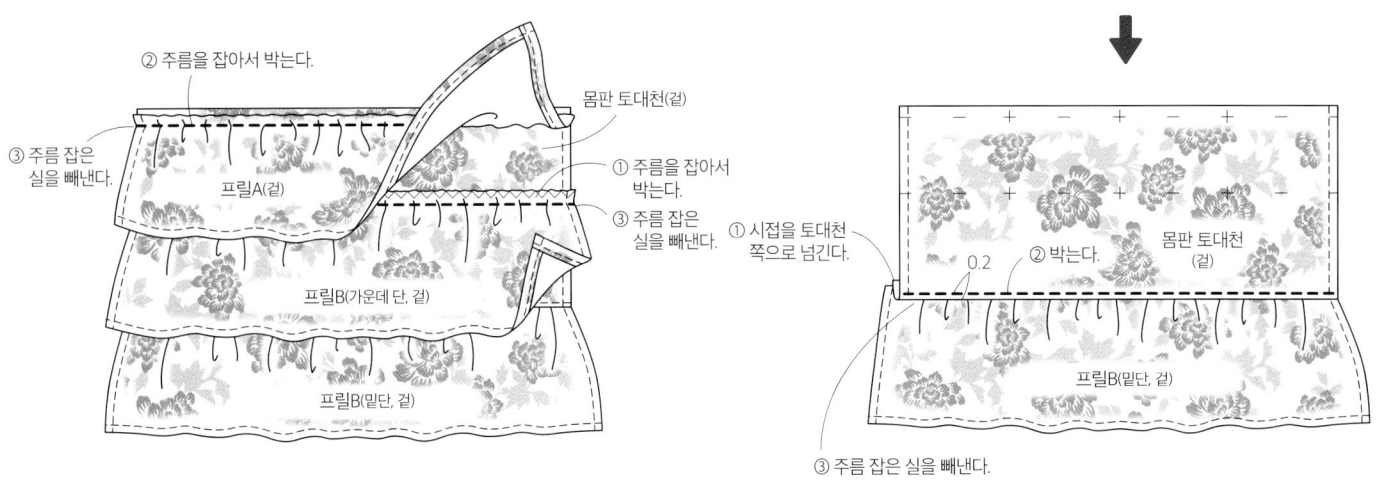

맞춤점을 시침핀으로 고정한다.

프릴B(밑단, 안)

몸판 토대천(겉)　허리 쪽

① 밑실 2줄을 함께 당겨서 주름을 잡는다.　③ 2장 함께 지그재그박기

② 박는다.　프릴B(밑단, 안)

몸판 토대천(겉)　허리 쪽

7. 몸판 토대천에 프릴A와 프릴B를 달아서 몸판을 만든다.

② 주름을 잡아서 박는다.

몸판 토대천(겉)

③ 주름 잡은 실을 빼낸다.　프릴A(겉)　① 주름을 잡아서 박는다.

③ 주름 잡은 실을 빼낸다.

프릴B(가운데 단, 겉)

프릴B(밑단, 겉)

① 시접을 토대천 쪽으로 넘긴다.　② 박는다.　몸판 토대천(겉)

0.2

프릴B(밑단, 겉)

③ 주름 잡은 실을 빼낸다.

8. 허리끈을 만든다.

② 접는다.

① 접는다.　끈 다는 쪽

허리끈(안)

① 반으로 접는다.　(겉)

② 박는다.

0.2

9. 허릿단과 몸판과 허리끈을 잇는다. (p.29 참조)　　완성

Handmade Apron

하트
앞치마

☑ Feminine ☐ Stylish ☐ Simple

6

가슴 부분을 하트 모양으로 잘랐어요.
옷자락에 프릴을 가득 넣어
복고풍이면서도 귀여운 디자인이에요.

제작: 요시다 미카코

BACK STYLE

7

6과 다른 원단으로 만든 앞치마예요.
민무늬를 사용해서 우아한 꽃무늬를
돋보이게 했습니다.
주머니에 단 리본이 귀여운 포인트랍니다.

제작: 요시다 미카코

6

재료		사용량
6 옷감(코튼)	폭 110cm	2m
6 지그재그 테이프	폭 7mm	1m
7 옷감(면 시팅)	폭 110cm	1m
7 배색감(면 브로드클로스)	폭 110cm	90cm

옷본

◆ **실물 크기 옷본**: A면 6을 사용합니다.

◆ **사용 부분**: 본체·주머니 / 앞판 안단 / 뒤판 안단 / 프릴

* 어깨끈, 허리끈, 바이어스감, 7의 리본A·B는 직선 부분이므로 옷감에 직접 그려서 마름질하세요.

7

제도

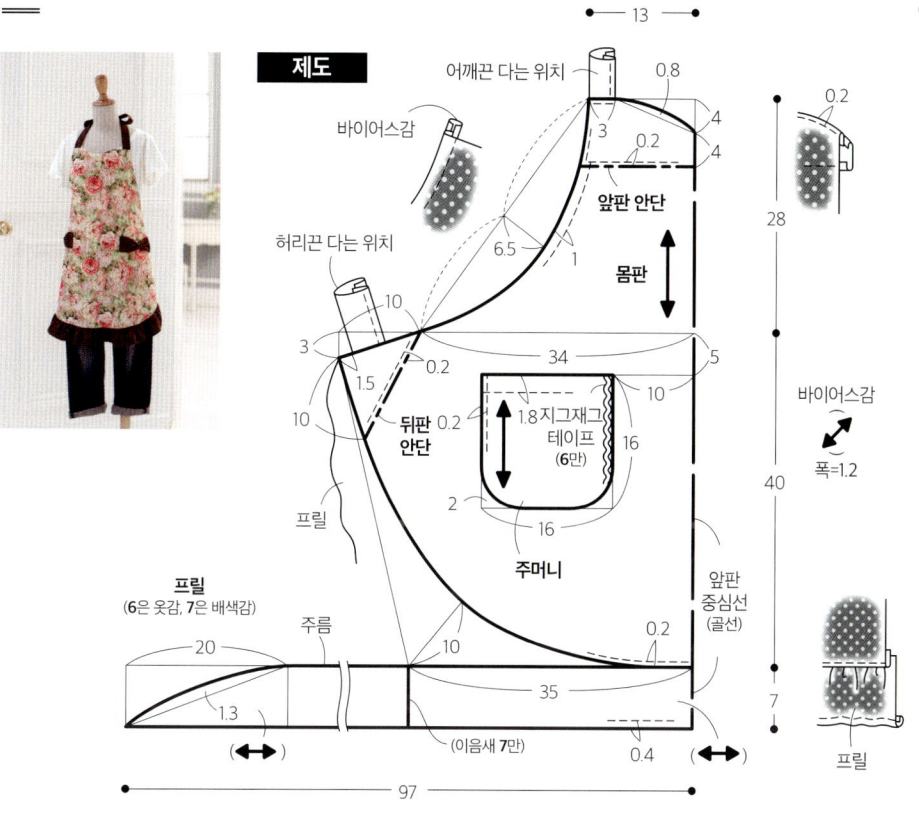

바이어스감의 마름질폭 = 완성폭×2+0.1~0.5 (연장분)

6 옷감 마름질하는 법

폭 110cm

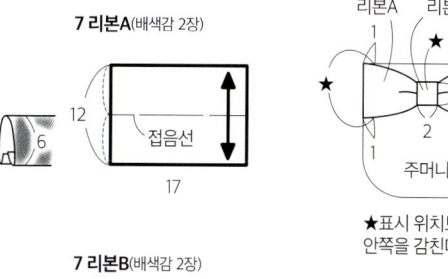

바이어스감
(약 40을 2장)

뒤판 안단

앞판 안단

주머니

어깨끈

허리끈

프릴
(앞판 중심선)

몸판

2m

어깨끈(6은 옷감, 7은 배색감, 2장)

접음선

6

67

0.2

3

허리끈(6은 옷감, 7은 배색감, 2장)

접음선

8

67

0.2

4

7 리본A(배색감 2장)

12

접음선

17

6

7 리본B(배색감 2장)

5

접음선

1 2 1

2

리본A 리본B

1 ★ 1

★ 2.5 ★

2

1 주머니 1

★표시 위치보다 조금 안쪽을 감친다.

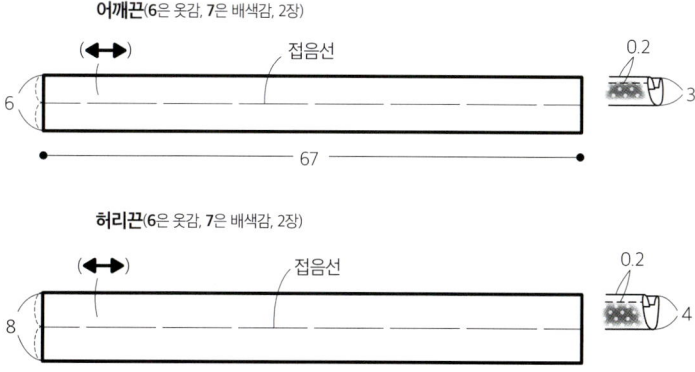

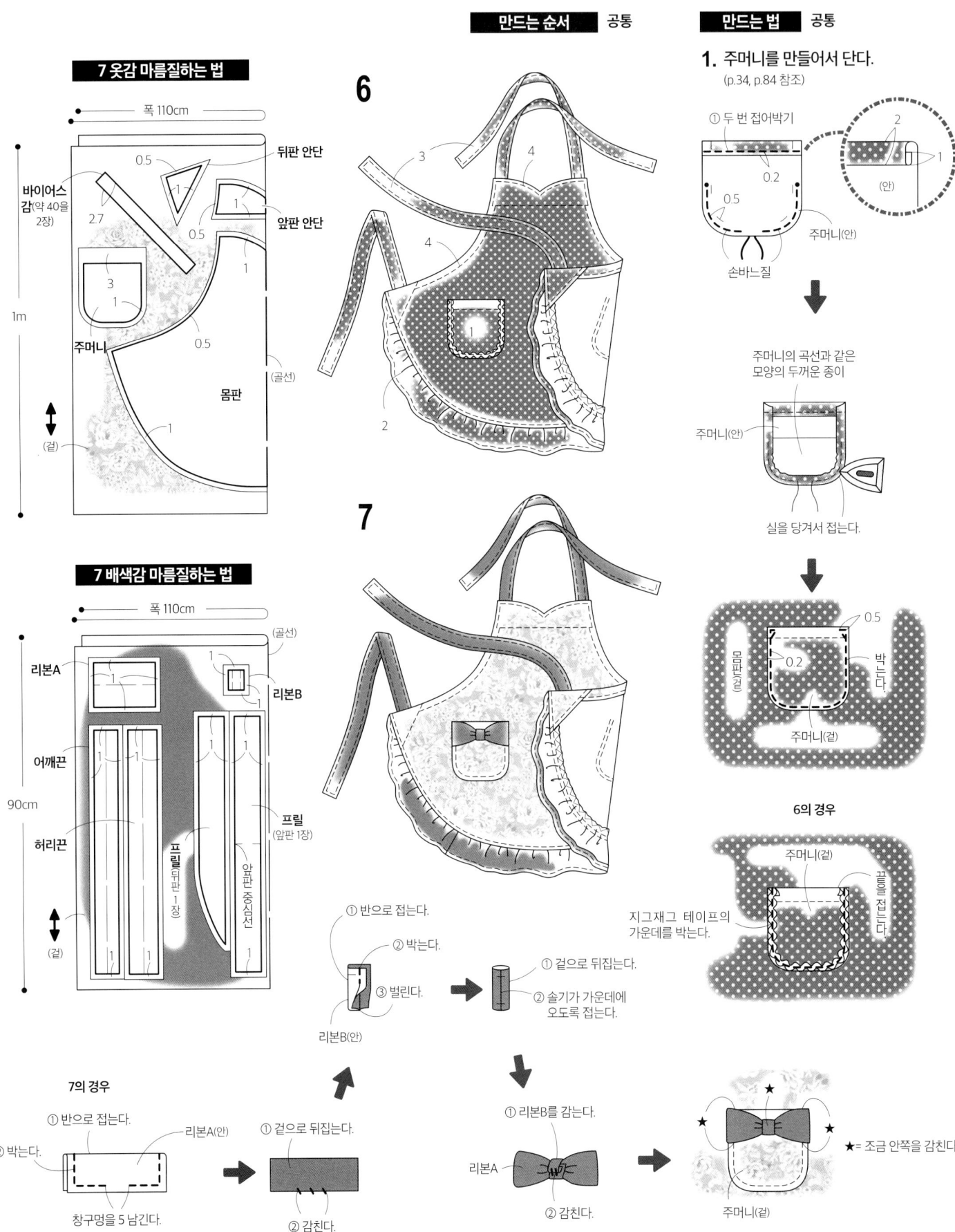

7 옷감 마름질하는 법

폭 110cm

바이어스 감 (약 40을 2장)

0.5

2.7

뒤판 안단

1

0.5

앞판 안단

1

1m

3

1

주머니

0.5

(골선)

몸판

1

(겉)

7 배색감 마름질하는 법

폭 110cm

(골선)

리본A

1

1

1

리본B

90cm

어깨끈

1

1

1

1

허리끈

프릴 뒤판 1장

프릴 (앞판 1장)

앞판 중심선

(겉)

1

1

1

만드는 순서 공통

6

3

4

4

2

7

만드는 법 공통

1. 주머니를 만들어서 단다.
(p.34, p.84 참조)

① 두 번 접어박기

0.2

0.5

2

1

(안)

주머니(안)

손바느질

주머니의 곡선과 같은 모양의 두꺼운 종이

주머니(안)

실을 당겨서 접는다.

0.5

몸판 (겉)

0.2

반는다

주머니(겉)

6의 경우

주머니(겉)

끝을 접는다

지그재그 테이프의 가운데를 박는다.

주머니(겉)

① 반으로 접는다.

② 박는다.

③ 벌린다.

리본B(안)

① 겉으로 뒤집는다.

② 솔기가 가운데에 오도록 접는다.

① 리본B를 감는다.

리본A

② 감친다.

★

★

★

★= 조금 안쪽을 감친다.

주머니(겉)

7의 경우

① 반으로 접는다.

② 박는다.

리본A(안)

① 겉으로 뒤집는다.

창구멍을 5 남긴다.

② 감친다.

22

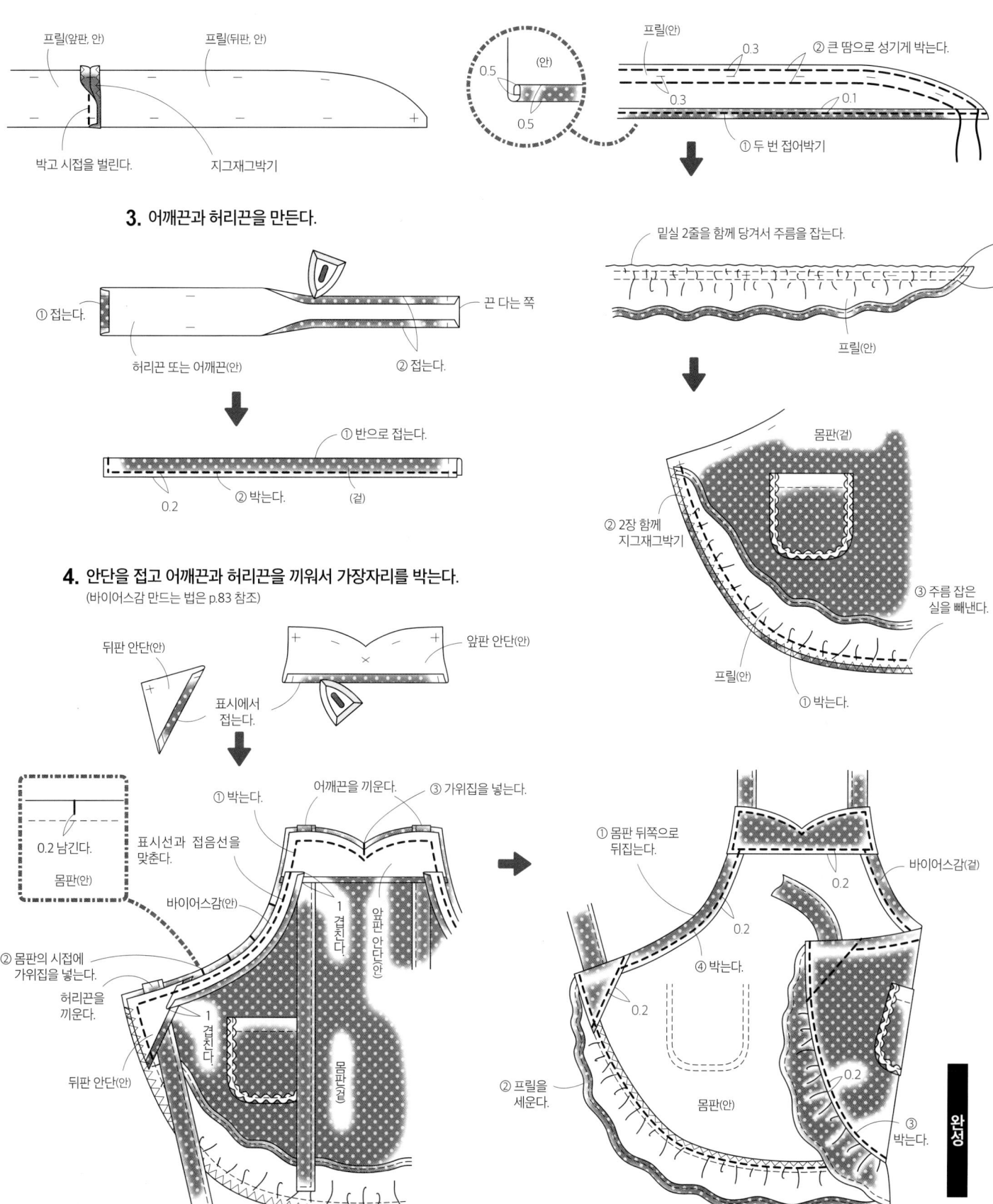

◆ 7의 프릴은 처음에 잇는다. ◆

프릴(앞판, 안)　　　프릴(뒤판, 안)

박고 시접을 벌린다.　　지그재그박기

2. 프릴을 만들고 단다.(주름 잡는 법은 p.82 참조)

프릴(안)

0.5　(안)　0.3　② 큰 땀으로 성기게 박는다.
0.5　　0.3　0.1
① 두 번 접어박기

3. 어깨끈과 허리끈을 만든다.

① 접는다.
허리끈 또는 어깨끈(안)
끈 다는 쪽
② 접는다.

① 반으로 접는다.
0.2　② 박는다.　(겉)

밑실 2줄을 함께 당겨서 주름을 잡는다.

프릴(안)

몸판(겉)

② 2장 함께 지그재그박기
③ 주름 잡은 실을 빼낸다.
프릴(안)
① 박는다.

4. 안단을 접고 어깨끈과 허리끈을 끼워서 가장자리를 박는다.
(바이어스감 만드는 법은 p.83 참조)

뒤판 안단(안)　앞판 안단(안)
표시에서 접는다.

0.2 남긴다.
몸판(안)

② 몸판의 시접에 가위집을 넣는다.
허리끈을 끼운다.
뒤판 안단(안)

① 박는다.
어깨끈을 끼운다.
③ 가위집을 넣는다.
표시선과 접음선을 맞춘다.
바이어스감(안)
1 겹친다.
앞판 안단(안)
1 겹친다.
몸판(겉)

① 몸판 뒤쪽으로 뒤집는다.
바이어스감(겉)
0.2
④ 박는다.
② 프릴을 세운다.
0.2
몸판(안)
0.2
③ 박는다.

완성

23

랩 스타일
앞치마

☑ Feminine ☐ Stylish ☐ Simple

8

랩 스타일 디자인의 여성스런
앞치마입니다.
로열블루 민무늬가 알록달록한
꽃무늬를 더욱 돋보이게 합니다.

제작: 요시다 미카코

BACK STYLE

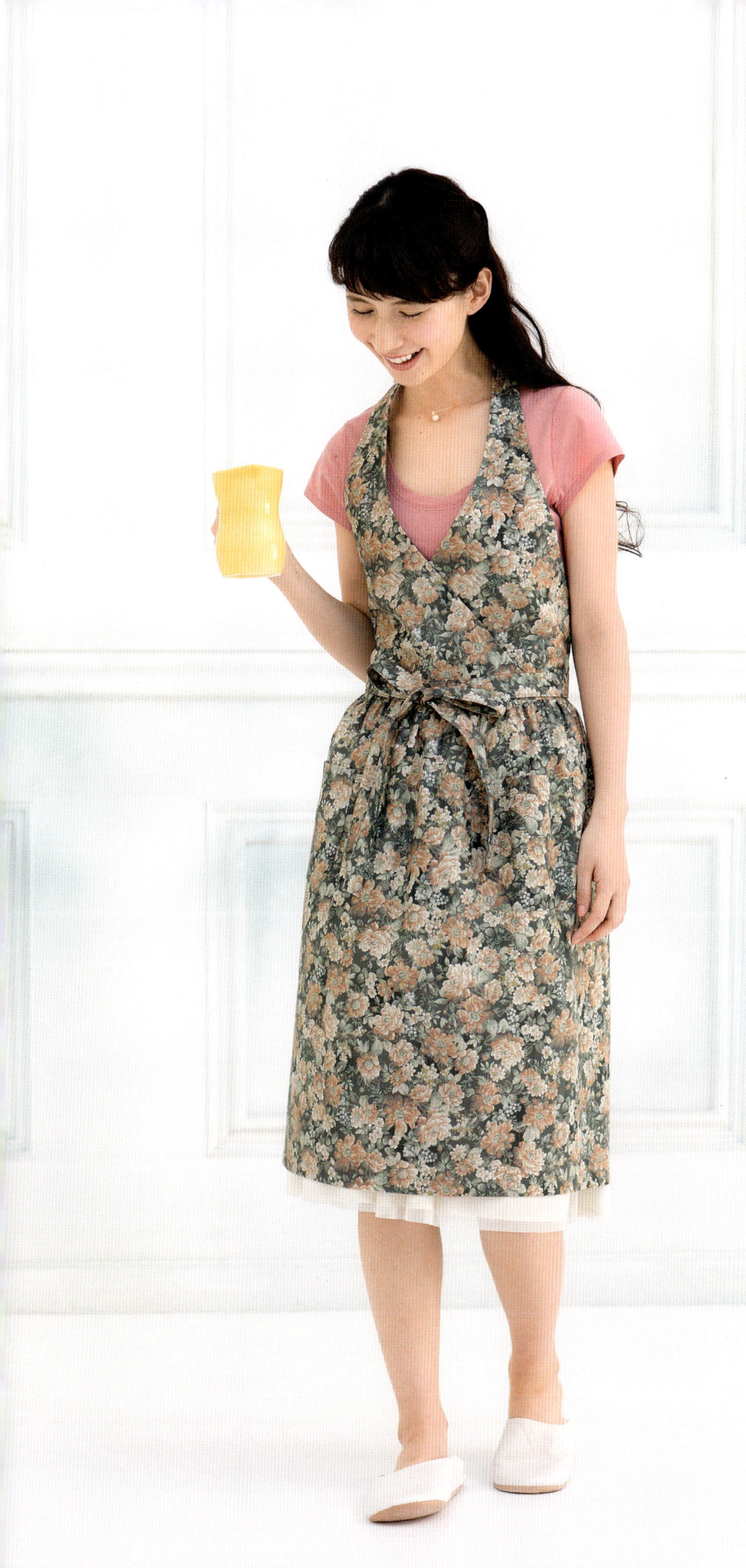

9

8의 치마 부분에 주름을 넣어 응용했습니다.
낭만적인 꽃무늬가 여성스러움을 더해요.

제작: 요시다 미카코

BACK STYLE

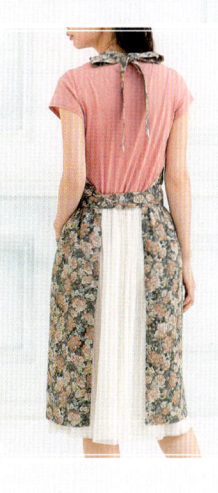

재료		사용량
옷감(면 브로드클로스)	폭 110cm	1m 50cm
배색감(면 브로드클로스)	폭 110cm	1m

옷본

◆ **실물 크기 옷본:** B면 8을 사용합니다.

◆ **사용 부분:** 가슴바대 / 본체·주머니 / 벨트

* 어깨끈, 허리끈은 직선 부분이므로 옷감에 직접 그려서 마름질하세요.

* 벨트의 실물 크기 옷본은 앞판 중심선부터 펼쳐져 있습니다.

만드는 순서

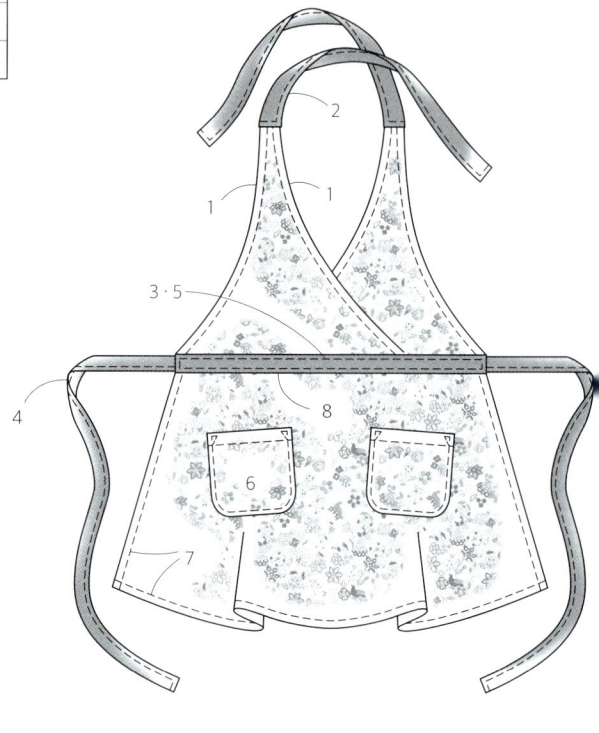

제도

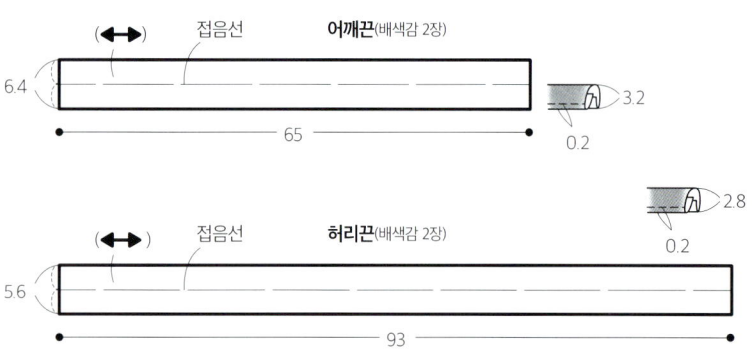

어깨끈(배색감 2장)

(←→) 접음선

6.4

65

3.2

0.2

허리끈(배색감 2장)

2.8

(←→) 접음선

5.6

93

0.2

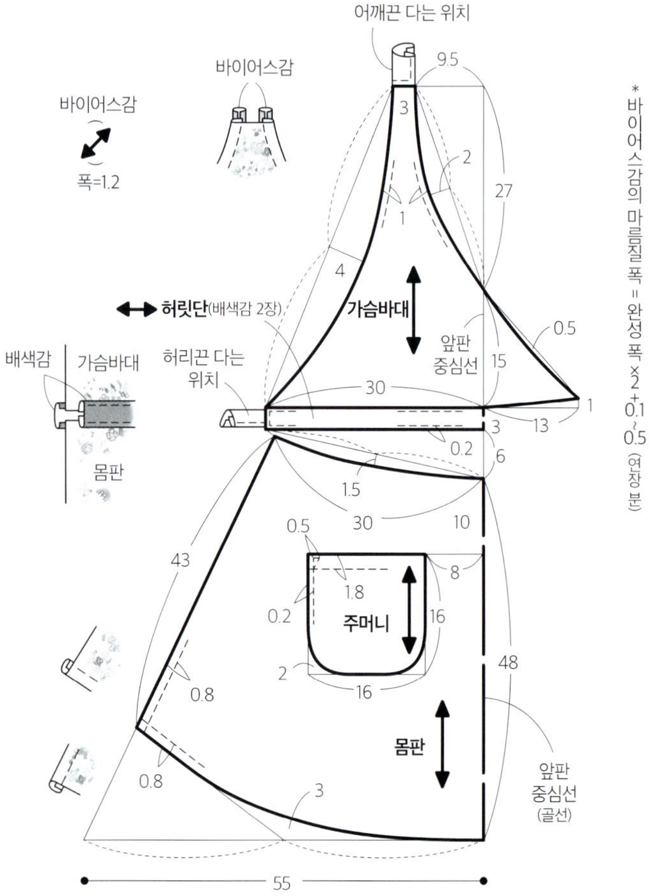

어깨끈 다는 위치

바이어스감

바이어스감

폭=1.2

9.5

3

2

1

27

4

가슴바대

앞판
중심선

0.5

15

허릿단(배색감 2장)

배색감 | 가슴바대

몸판

허리끈 다는
위치

30

3 13 1

0.2 6

1.5

30 10

0.5

1.8

0.2 **주머니** 16

2

16

8

43

0.8

48

0.8

3

55

몸판

앞판
중심선
(골선)

* 바이어스감의 마름질폭 = 완성 폭×2 + 0.1 (휘장분) + 0.5 (연장분)

옷감 마름질하는 법

폭 110cm

바이어스감

2.7

(골선)

3 | 1

주머니

1

가슴바대

0.5

(치마끈레용 약 50을 2장)

(어깨끈레용 약 55를 2장)

1m
50cm

(겉)

1

몸판

2

(겉)

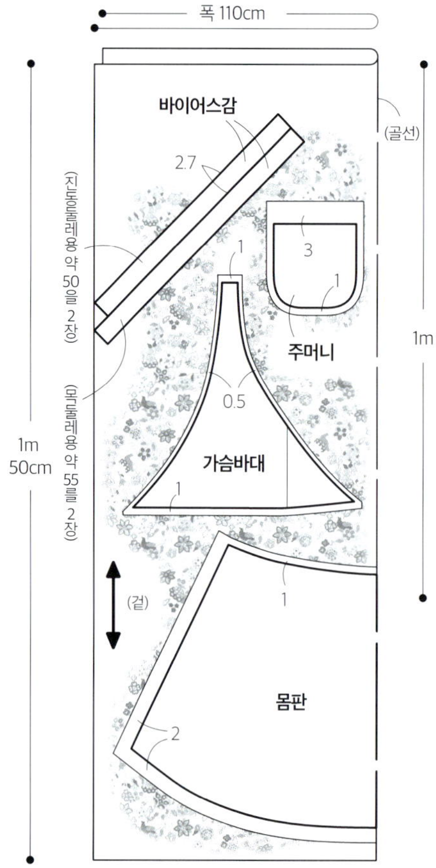

배색감 마름질하는 법

폭 110cm

허리끈

(골선)

어깨끈

허릿단

1m

* 시접은
모두
1 cm

(겉)

앞판
중심선

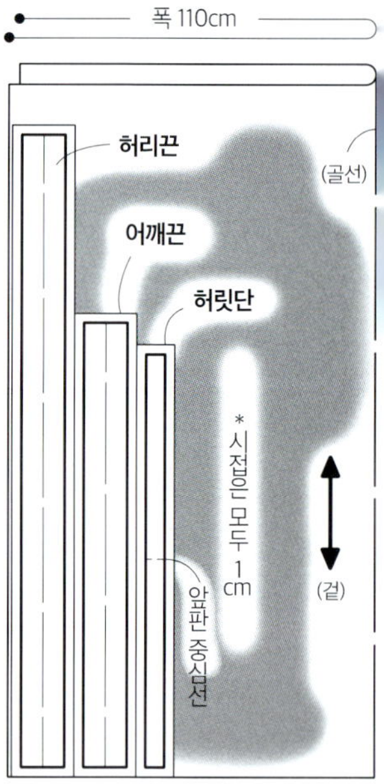

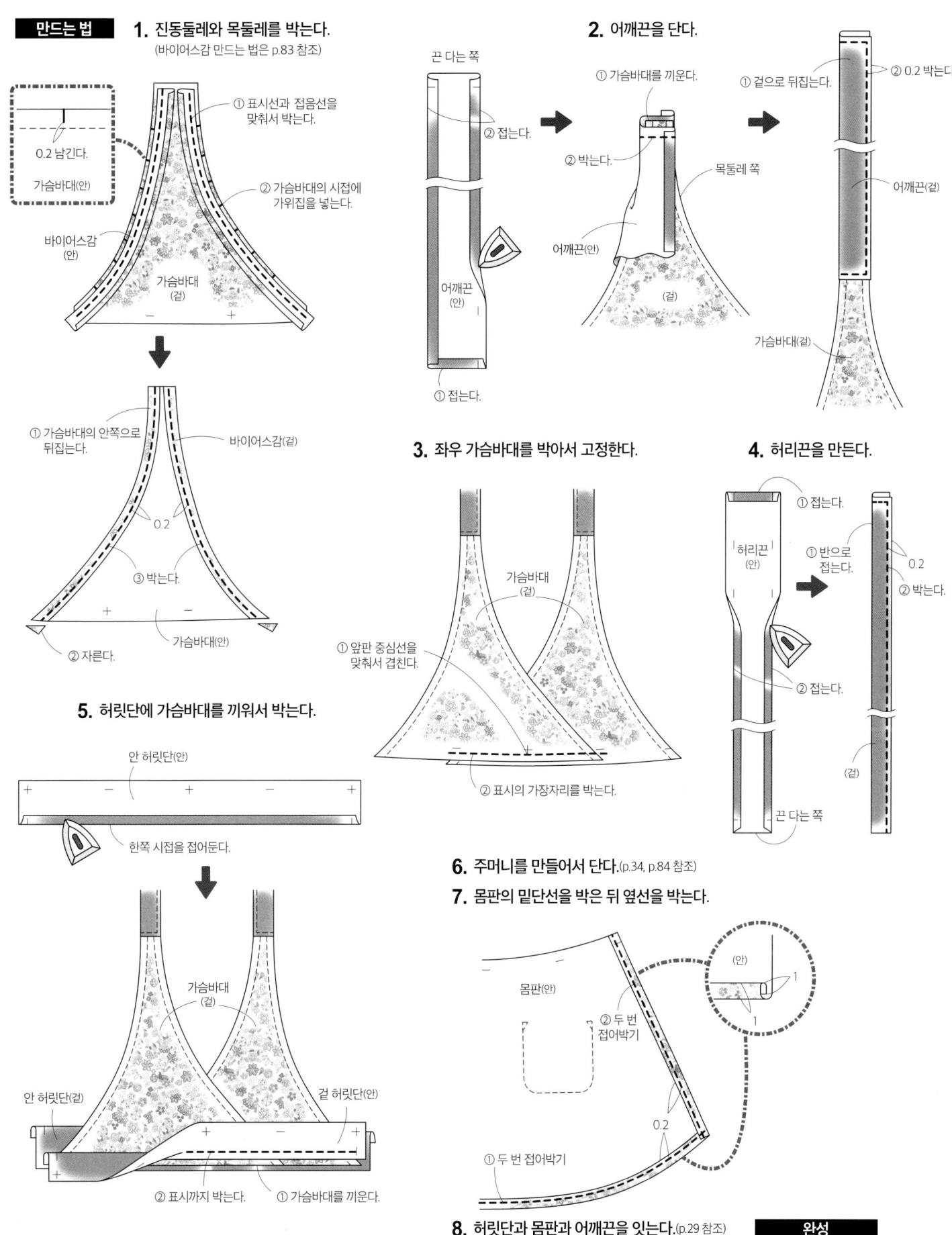

만드는 법

1. 진동둘레와 목둘레를 박는다.
(바이어스감 만드는 법은 p.83 참조)

0.2 남긴다.

가슴바대(안)

① 표시선과 접음선을 맞춰서 박는다.

② 가슴바대의 시접에 가위집을 넣는다.

바이어스감(안)

가슴바대(겉)

─ ＋

① 가슴바대의 안쪽으로 뒤집는다.

바이어스감(겉)

0.2

③ 박는다.

＋ ─

② 자른다.

가슴바대(안)

2. 어깨끈을 단다.

끈 다는 쪽

② 접는다.

① 접는다.

어깨끈(안)

① 가슴바대를 끼운다.

② 박는다.

어깨끈(안)

목둘레 쪽

(겉)

① 겉으로 뒤집는다.

② 0.2 박는다.

어깨끈(겉)

가슴바대(겉)

3. 좌우 가슴바대를 박아서 고정한다.

가슴바대(겉)

① 앞판 중심선을 맞춰서 겹친다.

② 표시의 가장자리를 박는다.

4. 허리끈을 만든다.

① 접는다.

허리끈(안)

① 반으로 접는다.

② 접는다.

② 박는다.

0.2

(겉)

끈 다는 쪽

5. 허릿단에 가슴바대를 끼워서 박는다.

안 허릿단(안)

＋ ─ ＋ ─ ＋

한쪽 시접을 접어둔다.

가슴바대(겉)

안 허릿단(겉)

겉 허릿단(안)

① 가슴바대를 끼운다.

② 표시까지 박는다.

6. 주머니를 만들어서 단다. (p.34, p.84 참조)

7. 몸판의 밑단선을 박은 뒤 옆선을 박는다.

몸판(안)

② 두 번 접어박기

(안)

1

1

0.2

① 두 번 접어박기

8. 허릿단과 몸판과 어깨끈을 잇는다. (p.29 참조)

완성

9

재료		사용량
옷감(면 시팅)	폭 110cm	2m

옷본

◆ **실물 크기 옷본**: B면8을 응용합니다.

◆ **사용 부분**: 가슴바대 / 벨트 / 주머니

* 몸판, 어깨끈, 허리끈은 직선 부분이므로 옷감에 직접 그려서 마름질하세요.

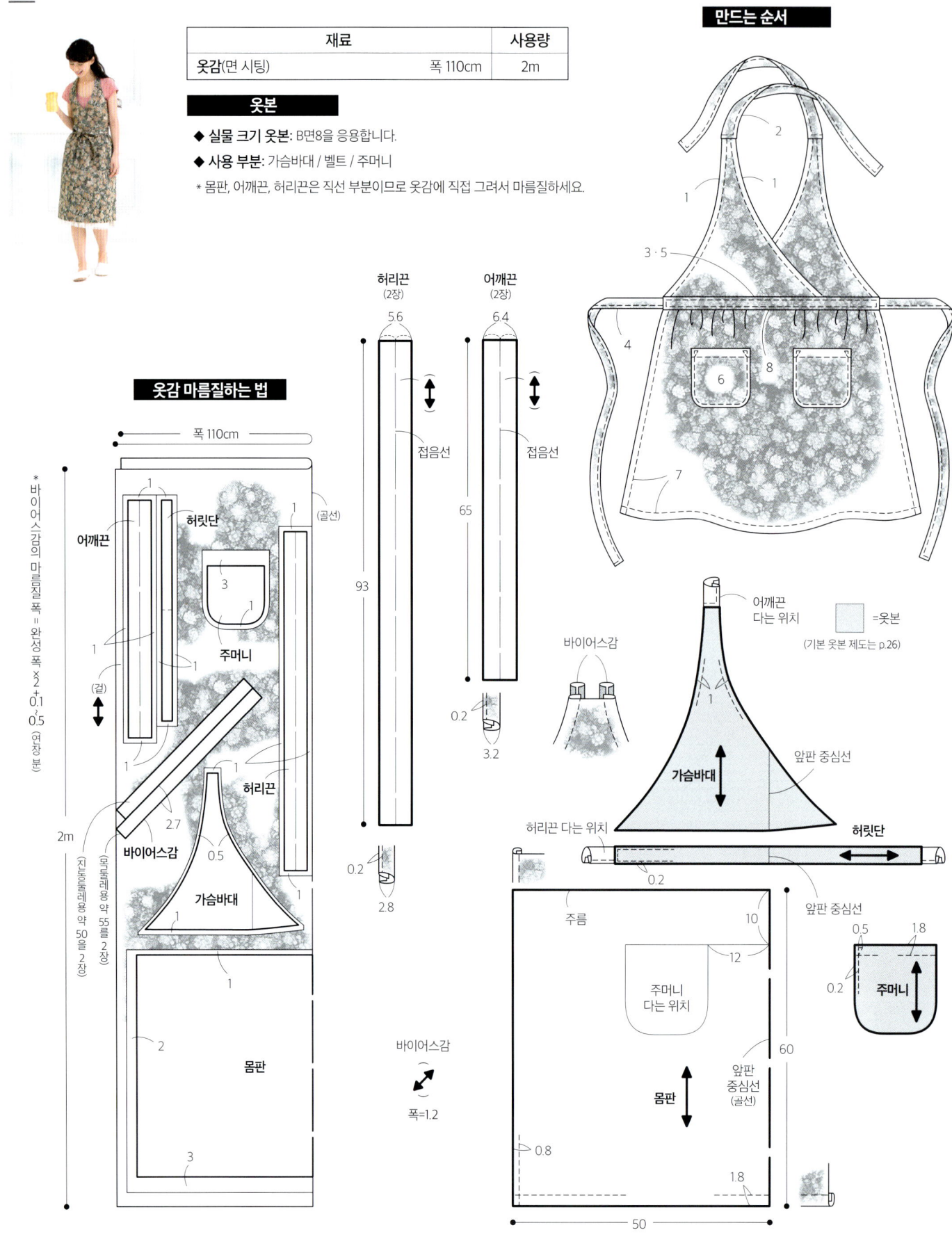

만드는 순서

옷감 마름질하는 법

허리끈 (2장)

어깨끈 (2장)

어깨끈

허릿단

주머니

허리끈

바이어스감

가슴바대

몸판

바이어스감
폭=1.2

접음선

접음선

바이어스감

어깨끈 다는 위치

=옷본
(기본 옷본 제도는 p.26)

가슴바대

앞판 중심선

허리끈 다는 위치

허릿단

주름

주머니 다는 위치

앞판 중심선

주머니

몸판

앞판 중심선 (골선)

◆ 1~5의 만드는 법은 p.27 참조

1. 진동둘레와 목둘레를 박는다.
　(바이어스감 만드는 법은 p.83 참조)

2. 어깨끈을 단다.

3. 좌우 가슴바대를 박아서 고정한다.

4. 허리끈을 만든다.

5. 허릿단에 가슴바대를 끼워서 박는다.

6. 주머니를 만들어서 단다.(p.34, p.84 참조)

8. 허릿단과 몸판과 허리끈을 잇는다.

7. 몸판의 밑단선을 박고 옆선을 박는다.
(주름잡는 법은 p.82 참조)

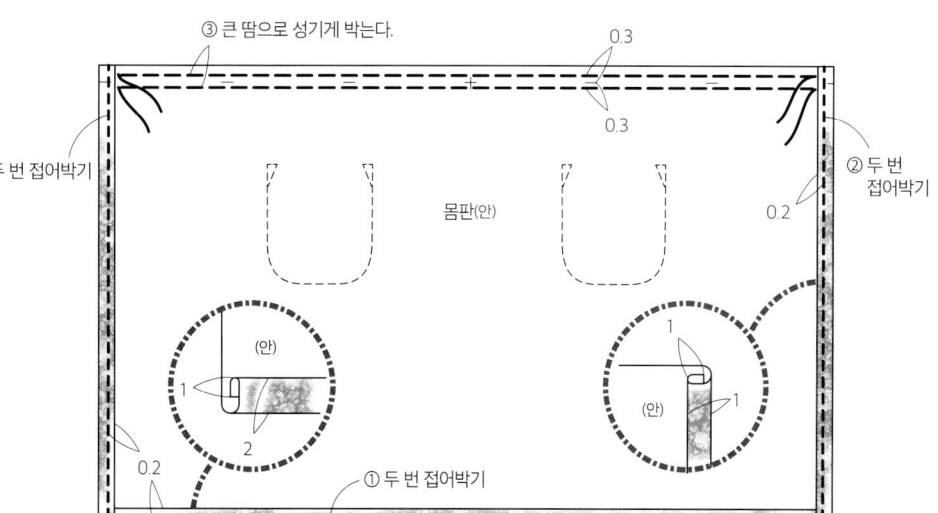

③ 큰 땀으로 성기게 박는다.

0.3

0.3

② 두 번 접어박기

② 두 번
접어박기

몸판(안)

0.2

(안)

1

1

(안)

1

1

2

0.2

① 두 번 접어박기

---

❶

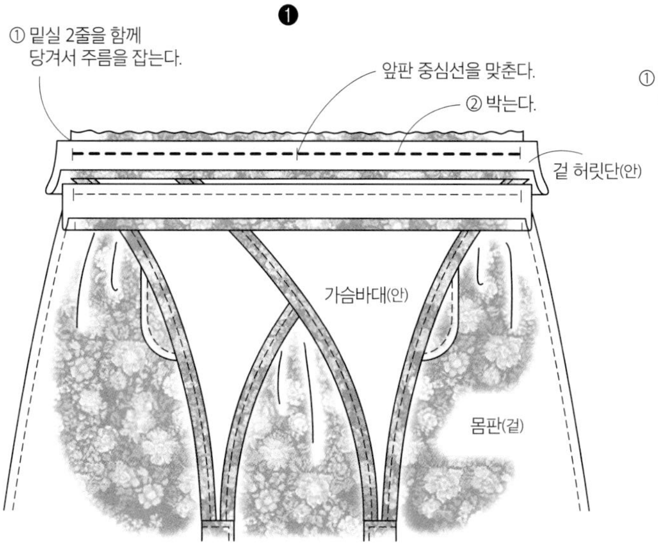

① 밑실 2줄을 함께
　당겨서 주름을 잡는다.

앞판 중심선을 맞춘다.

② 박는다.

겉 허릿단(안)

가슴바대(안)

몸판(겉)

---

❷

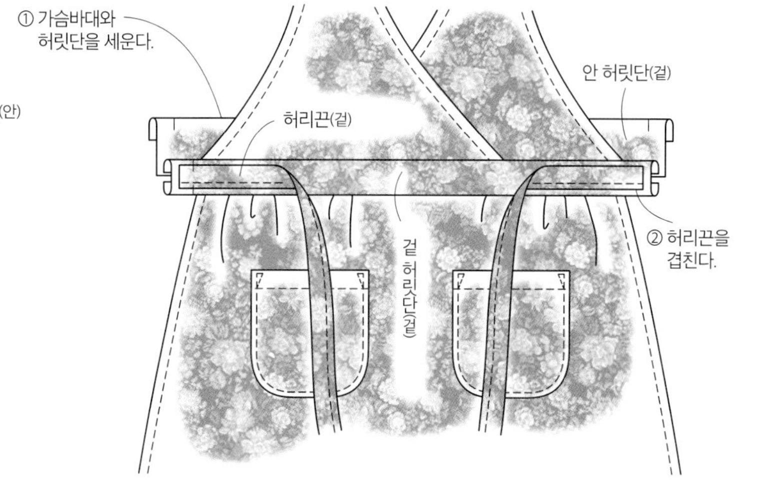

① 가슴바대와
　허릿단을 세운다.

안 허릿단(겉)

허리끈(겉)

겉 허릿단(겉)

② 허리끈을
　겹친다.

---

❸

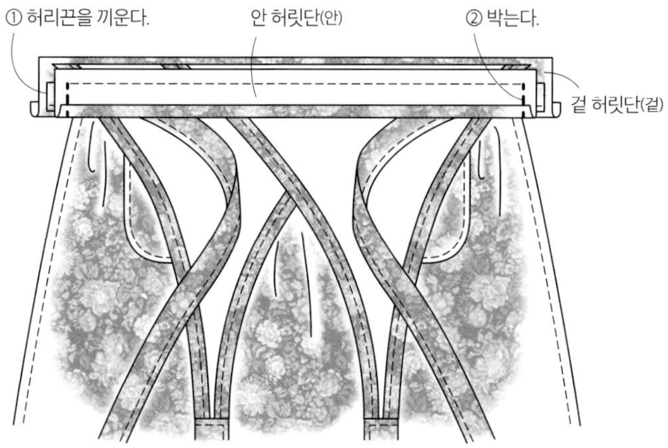

① 허리끈을 끼운다.

안 허릿단(안)

② 박는다.

겉 허릿단(겉)

---

❹

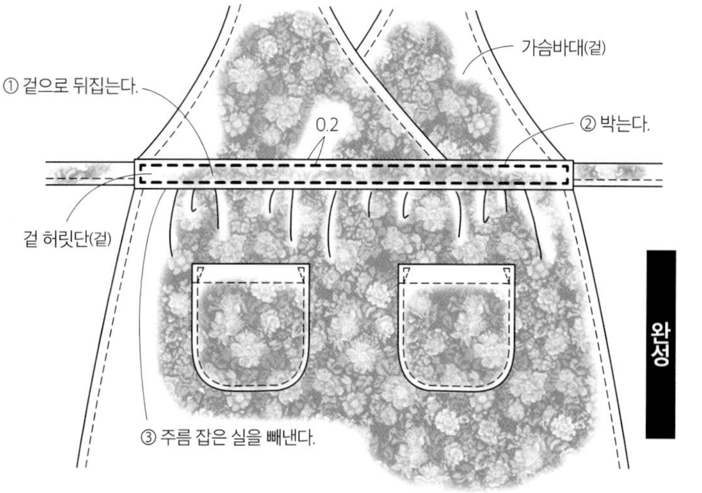

① 겉으로 뒤집는다.

가슴바대(겉)

0.2

② 박는다.

겉 허릿단(겉)

③ 주름 잡은 실을 빼낸다.

완성

29

크로스
앞치마

☑ Feminine   ☐ Stylish   ☐ Simple

10

가슴 부분에 가는 주름을 넣은
크로스 앞치마입니다.
허리에 주름이 있어서
실루엣이 풍성하고 귀여워요.

제작: 오타 히데미

11

10의 가는 주름을 없앤 디자인입니다.
청초한 작은 꽃무늬 프린트가
사랑스러워요.

제작: 오타 히데미

BACK STYLE

10   11

재료		사용량
10 옷감(코튼 덩거리)	폭 110cm	1m 50cm
11 옷감(코튼 프린트)	폭 110cm	1m 50cm
단추	지름 15mm	4개

옷본

◆ **실물 크기 옷본:** A면10·11을 사용합니다.

◆ **사용 부분:** 10은 겉 가슴바대 / 11은 겉·안 가슴바대

* 가슴바대 이외는 직선 부분이므로 옷감에 직접 그려서 마름질하세요.

제도

◆ 10의 안 가슴바대는 11의 가슴바대 옷본을 사용

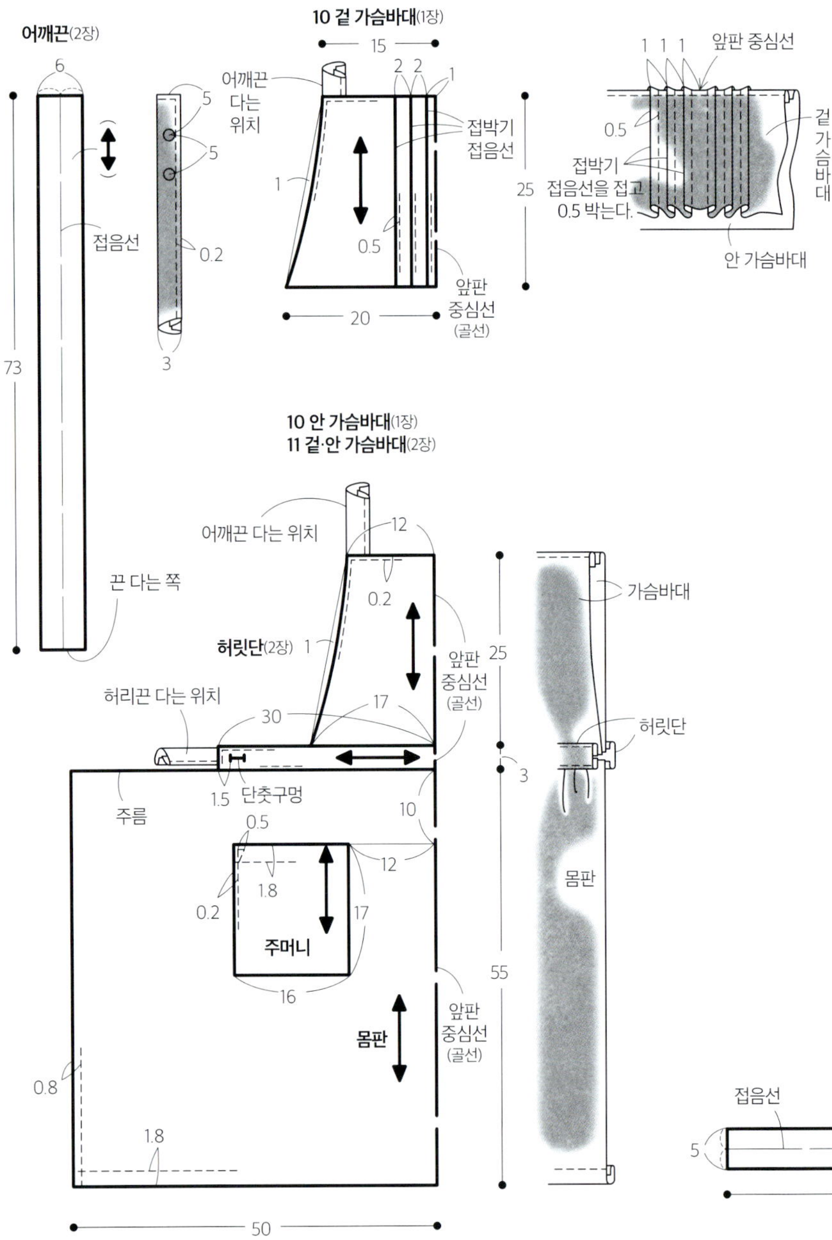

어깨끈(2장)

6
5
5
73
접음선
0.2
3

어깨끈
다는
위치

10 겉 가슴바대(1장)
15
2 2 1
접박기
접음선
1
25
0.5
20
앞판
중심선
(골선)

1 1 1
앞판 중심선
0.5
접박기
접음선을 접고
0.5 박는다.
겉 가슴바대
안 가슴바대

10 안 가슴바대(1장)
11 겉·안 가슴바대(2장)

어깨끈 다는 위치
12
0.2
앞판
중심선
(골선)
25
3
허릿단(2장) 1
가슴바대
허릿단
몸판
허리끈 다는 위치
30   17
1.5 단춧구멍
주름
0.5
1.8
0.2
17
12
10
55
주머니
16
0.8
1.8
몸판
앞판
중심선
(골선)
50
끈 다는 쪽

옷감 마름질하는 법   공통

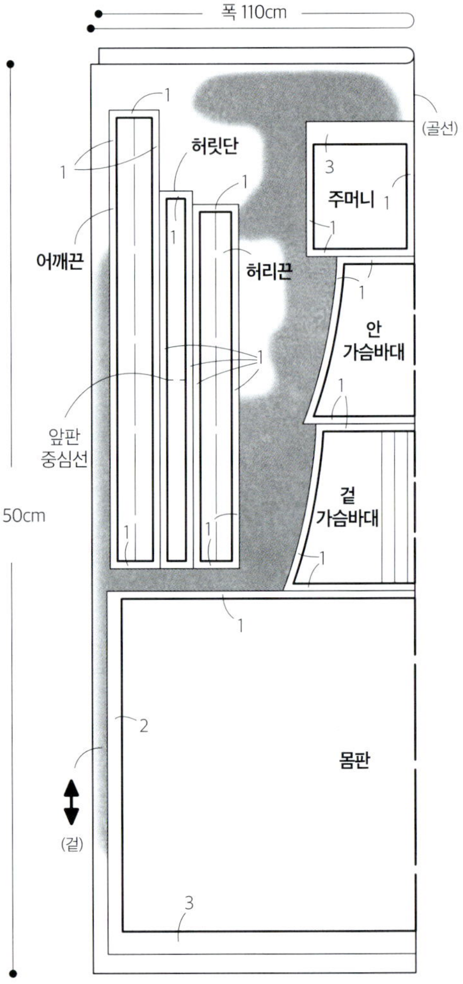

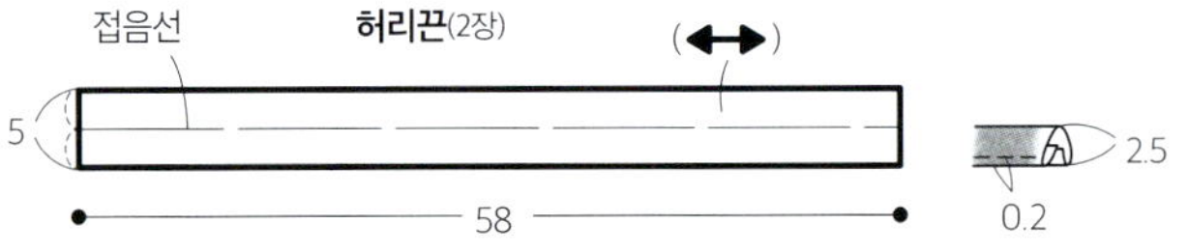

폭 110cm
1
허릿단
1
(골선)
3
주머니
1
1
어깨끈
1
허리끈
1
안
가슴바대
1
앞판
중심선
1m 50cm
1
겉
가슴바대
1
2
몸판
(겉)
3

접음선
허리끈(2장)
5
58
2.5
0.2

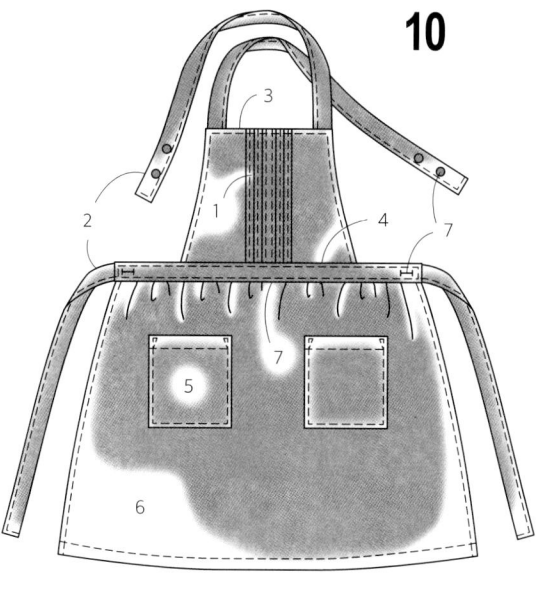

만드는 법 공통

1. 겉 가슴바대를 접박기한다.

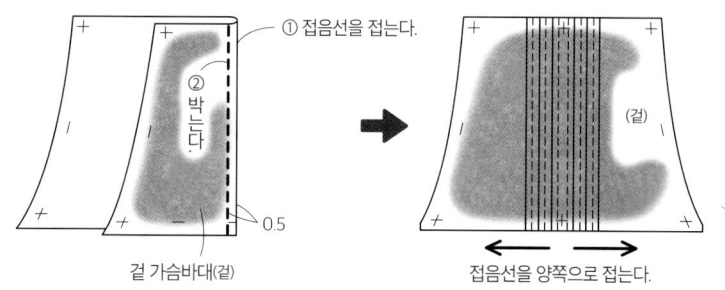

① 접음선을 접는다.

② 박는다

겉 가슴바대(겉)

0.5

(겉)

접음선을 양쪽으로 접는다.

2. 어깨끈과 허리끈을 만든다.

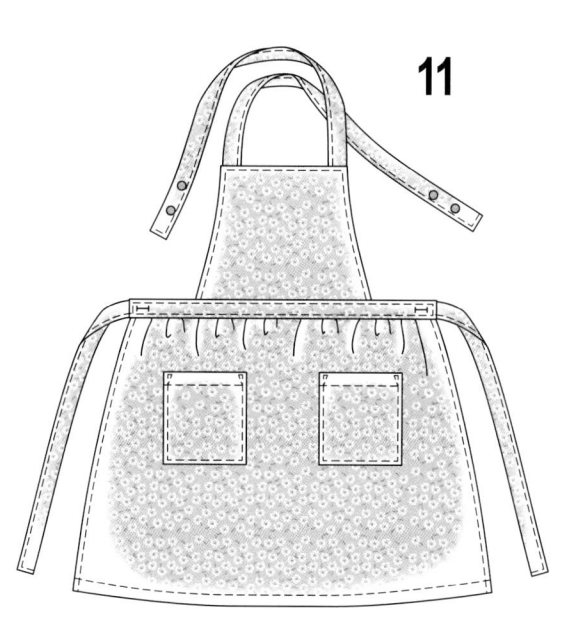

① 접는다.

어깨끈 또는
허리끈(안)

② 접는다.

끈 다는 쪽

① 반으로 접는다.

(겉)

0.2

② 박는다.

3. 어깨끈을 끼워서 가슴바대를 만든다.

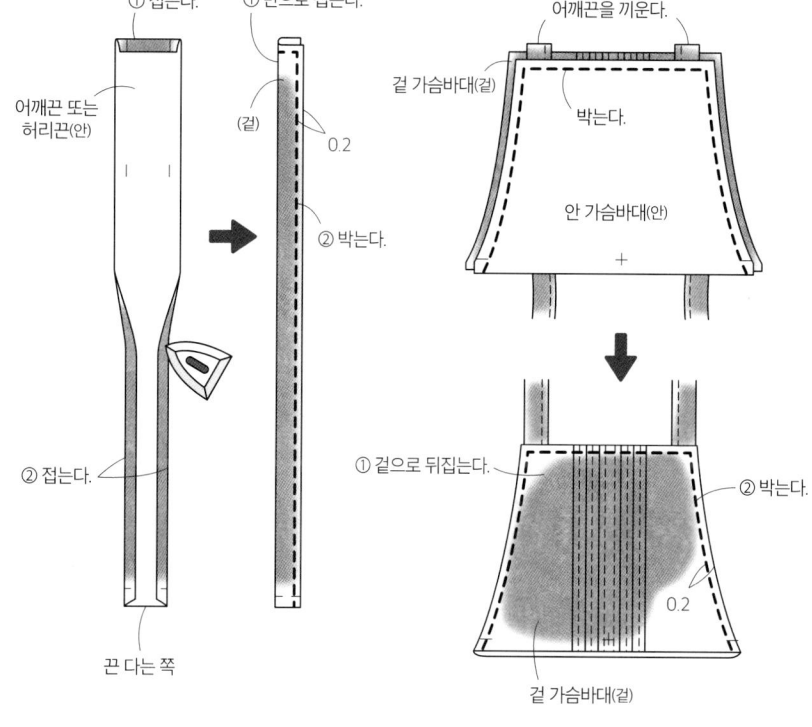

어깨끈을 끼운다.

겉 가슴바대(겉)

박는다.

안 가슴바대(안)

① 겉으로 뒤집는다.

② 박는다.

0.2

겉 가슴바대(겉)

4. 허릿단에 가슴바대를 끼워서 박는다.

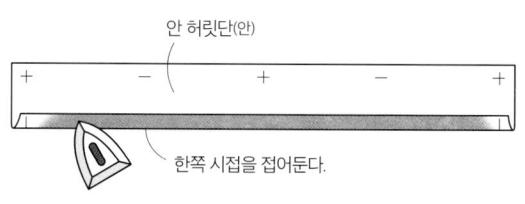

안 허릿단(안)

한쪽 시접을 접어둔다.

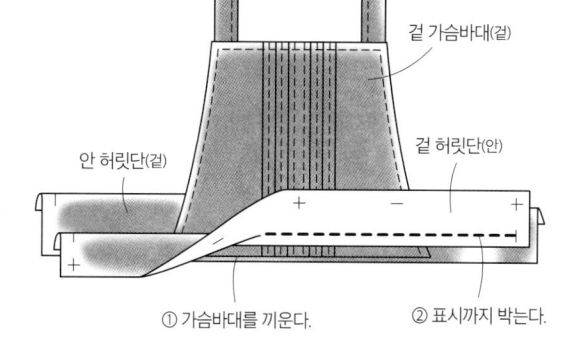

겉 가슴바대(겉)

안 허릿단(겉)

겉 허릿단(안)

① 가슴바대를 끼운다.

② 표시까지 박는다.

5. 주머니를 만들어서 단다.

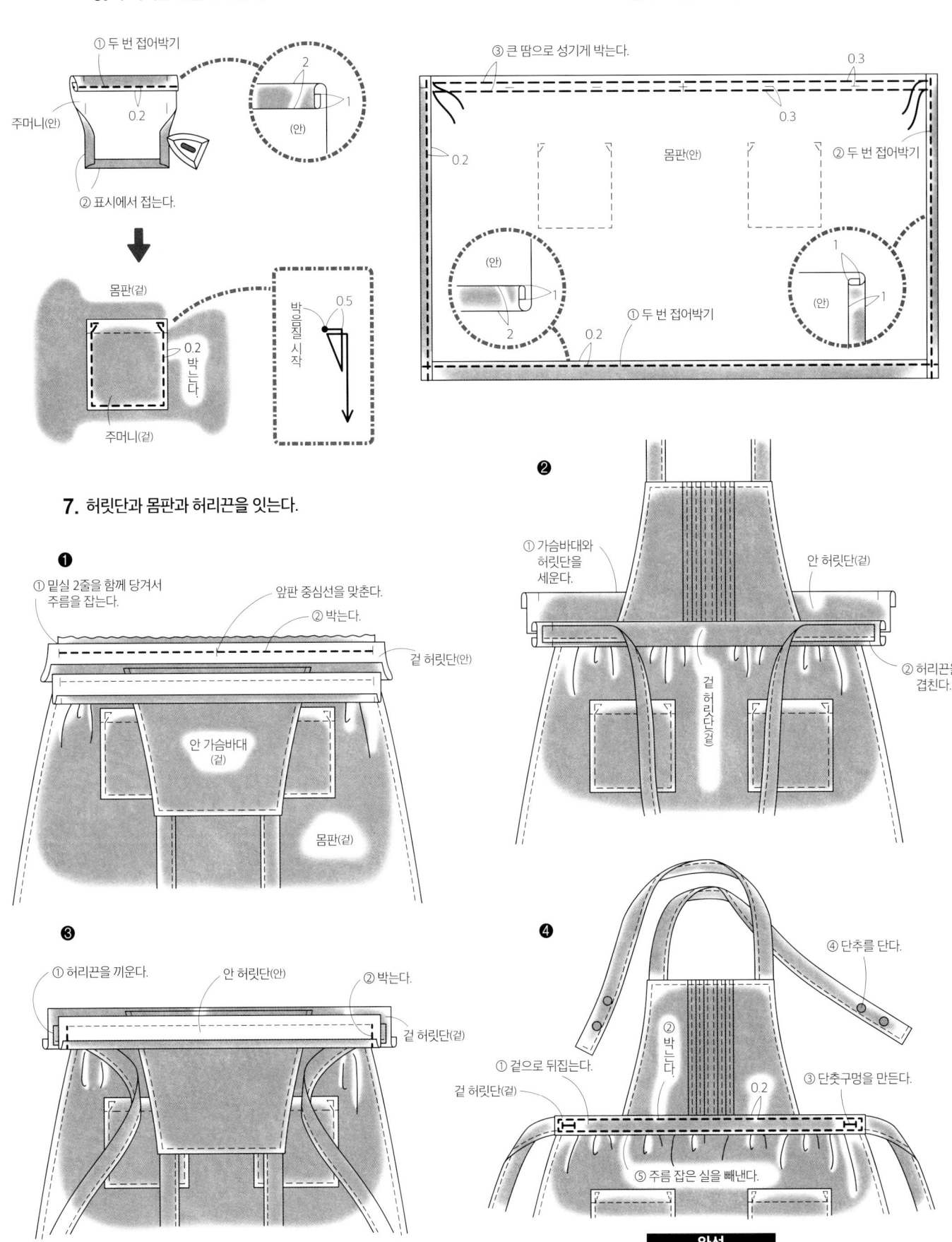

① 두 번 접어박기
주머니(안)
0.2
② 표시에서 접는다.
2
1
(안)
몸판(겉)
0.2 박는다.
주머니(겉)
박음질 시작
0.5

6. 몸판을 만든다. (주름 잡는 법은 p.82 참조)

③ 큰 땀으로 성기게 박는다.
0.3
0.3
0.2
몸판(안)
② 두 번 접어박기
(안)
1
2
① 두 번 접어박기
0.2
(안)
1
1

7. 허릿단과 몸판과 허리끈을 잇는다.

❶
① 밑실 2줄을 함께 당겨서 주름을 잡는다.
앞판 중심선을 맞춘다.
② 박는다.
겉 허릿단(안)
안 가슴바대(겉)
몸판(겉)

❷
① 가슴바대와 허릿단을 세운다.
안 허릿단(겉)
겉 허릿단(겉)
② 허리끈을 겹친다.

❸
① 허리끈을 끼운다.
안 허릿단(안)
② 박는다.
겉 허릿단(겉)

❹
④ 단추를 단다.
① 겉으로 뒤집는다.
겉 허릿단(겉)
② 박는다
0.2
③ 단춧구멍을 만든다.
⑤ 주름 잡은 실을 빼낸다.

완성

Handmade Apron

하프
앞치마 1

☑ Feminine ☐ Stylish ☐ Simple

12

큰직한 국화 무늬가 귀여운
하프 앞치마입니다.
노란색 바이어스 테이프의 파이핑을
포인트로 넣었어요.

제작: 세이노 다카코

BACK STYLE

재료		사용량
옷감(면마)	폭 110cm	90cm
바이어스 테이프(바인딩감)	폭 11mm	2m 30cm

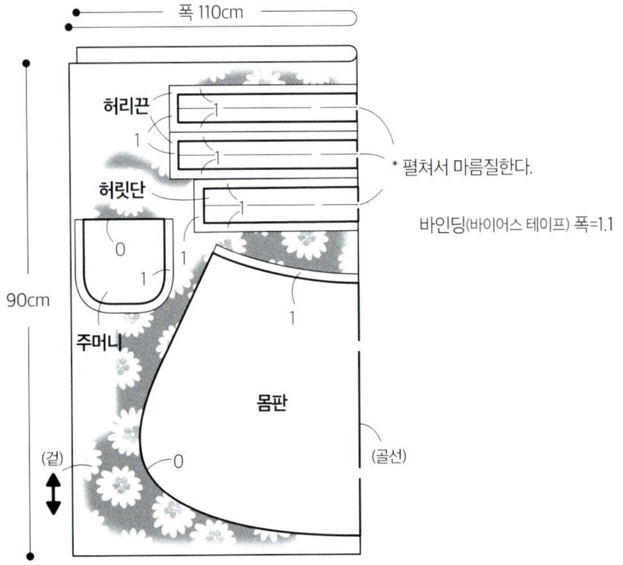

옷본

◆ 실물 크기 옷본: B면8을 응용합니다.

◆ 사용 부분: 몸판·주머니

* 벨트, 허리끈은 직선 부분이므로 옷감에 직접 그려서 마름질하세요.

◆ 옷본 수정법

* 뒤판 끝선부터 밑단선의 모서리를 둥글게 합니다.

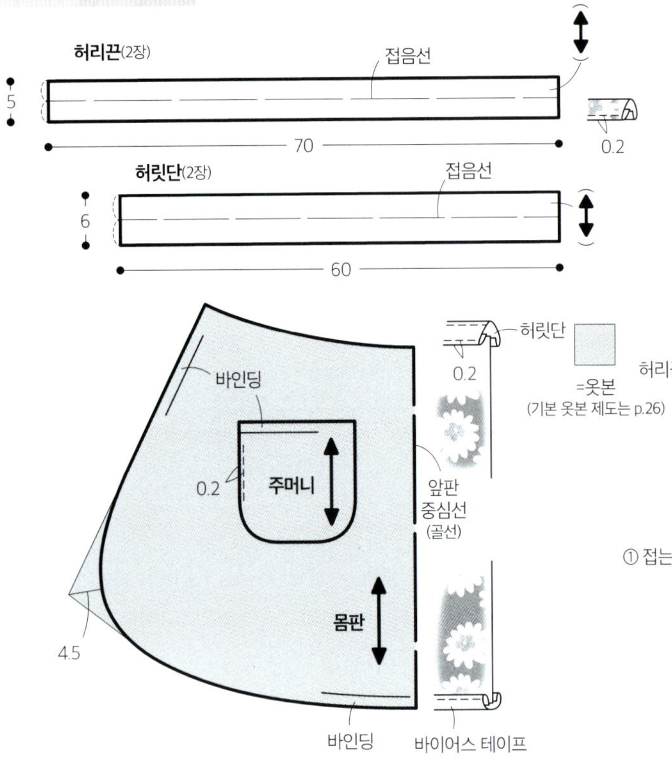

만드는 순서

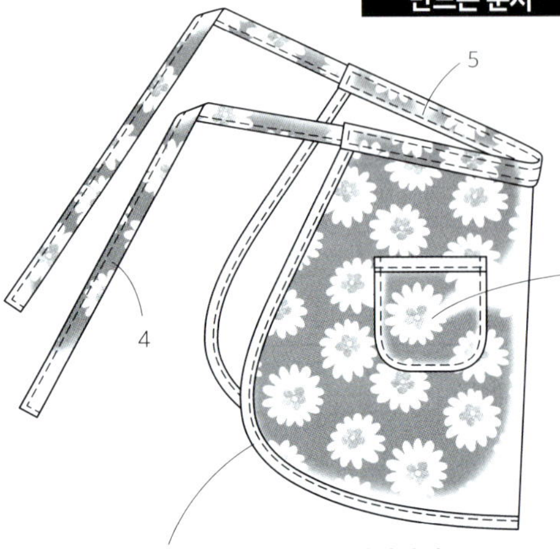

1. 주머니 입부구를 바인딩한다.(p.84 참조)

2. 주머니를 만들어서 단다.(p.34 참조)

3. 옆선과 밑단선을 바인딩한다.(p.51 참조)

만드는 법

허리끈(2장)　　　접음선

5　　　　70　　　　0.2

허릿단(2장)　　　접음선

6　　　　60

바인딩

0.2　주머니

0.2

몸판

4.5

바인딩　　바이어스 테이프

허릿단

0.2

=옷본
(기본 옷본 제도는 p.26)

앞판
중심선
(골선)

4. 허리끈을 만든다.

① 접는다.

허리끈(안)

① 접는다.

끈 다는 쪽

① 반으로 접는다.

(겉)　0.2

② 박는다.

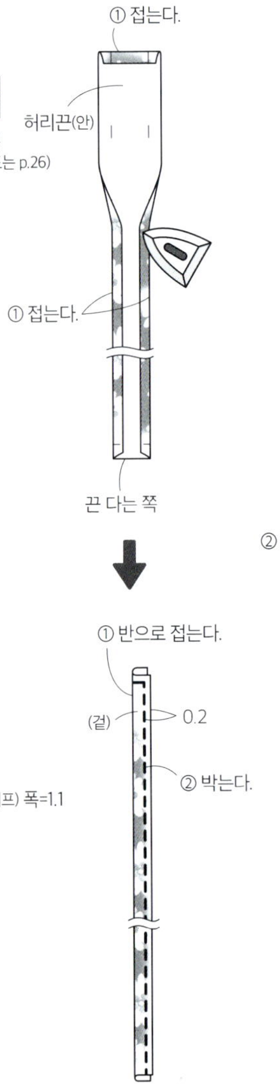

5. 허리끈을 끼워서 허릿단을 단다.

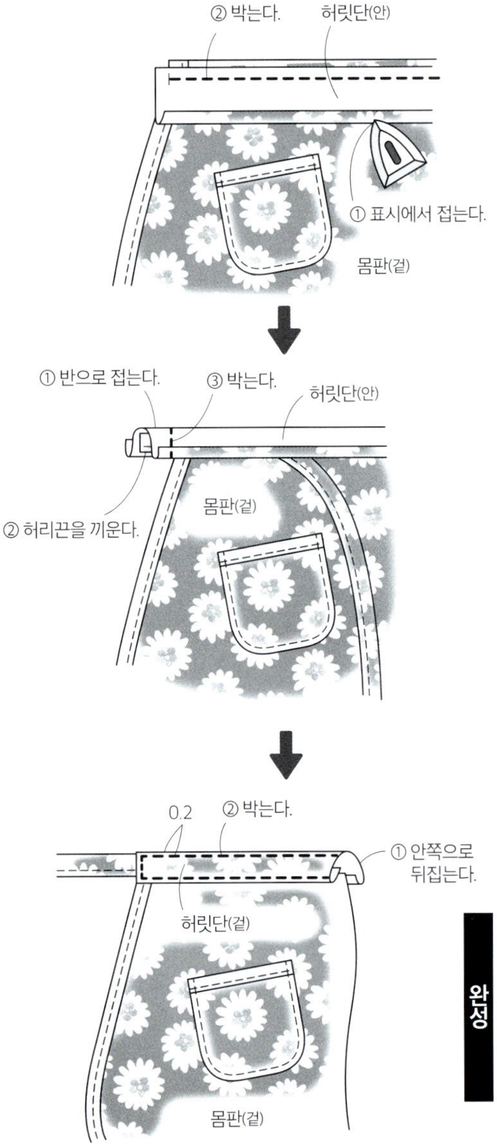

② 박는다.　허릿단(안)

① 표시에서 접는다.

몸판(겉)

① 반으로 접는다.　③ 박는다.　허릿단(안)

② 허리끈을 끼운다.

몸판(겉)

0.2　② 박는다.　① 안쪽으로 뒤집는다.

허릿단(겉)

몸판(겉)

완성

옷감 마름질하는 법

폭 110cm

허리끈　1
1
1

허릿단　1

* 펼쳐서 마름질한다.

바인딩(바이어스 테이프) 폭=1.1

90cm

주머니　0
0　1
1

1

몸판

(겉)　0　(골선)

13

허리 라인을 잡아주고 옷자락을 향해 퍼지는
플레어 실루엣의 하프 앞치마입니다.
주머니 입구에 단 지그재그 테이프와
옷자락에 넣은 프릴이 여성스러워요.

제작: 세이노 다카코

BACK STYLE

13

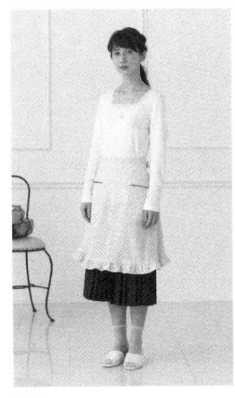

재료		사용량
옷감(코튼)	폭 110cm	1m 70cm
지그재그 테이프	폭 10mm	40cm

옷본

◆ **실물 크기 옷본:** B면8을 사용합니다.

◆ **사용 부분:** 몸판·주머니

* 허리끈, 벨트, 프릴은 직선 부분이므로 옷감에 직접 그려서 마름질하세요.

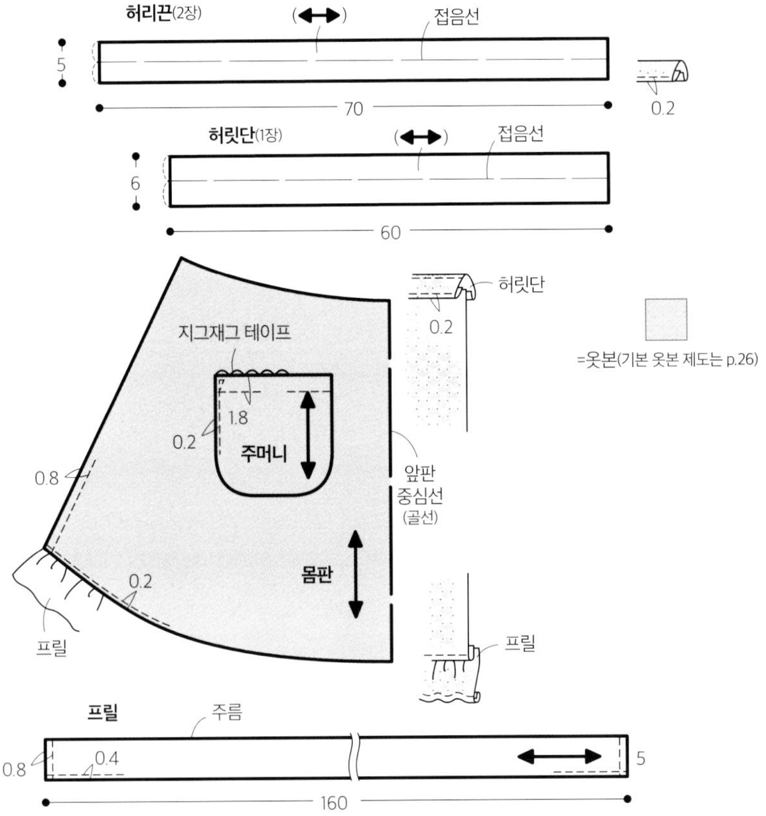

허리끈(2장)　(↔)　접음선

5
70
0.2

허릿단(1장)　(↔)　접음선

6
60

허릿단
0.2

지그재그 테이프
1.8
0.2
주머니
0.8
0.2
몸판
앞판
중심선
(골선)

프릴
프릴

=옷본(기본 옷본 제도는 p.26)

프릴　주름
0.8
0.4
160
5

옷감 마름질하는 법

폭 110cm

2
프릴
1
(겉)
(골선)

허리끈
1

허릿단
(1장)
1
3
1
1

주머니
1

1
2

몸판

1

1m 70cm
2

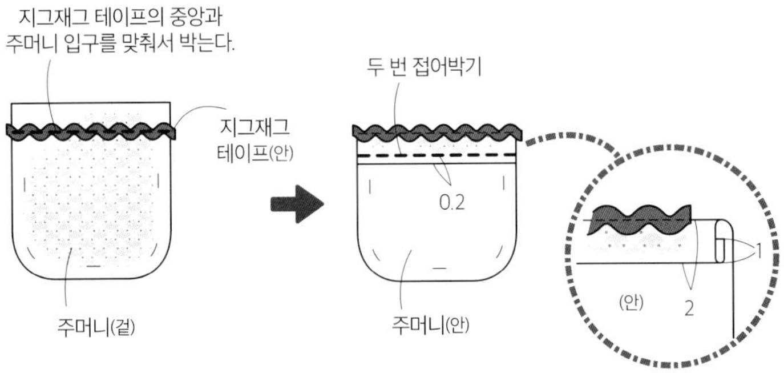

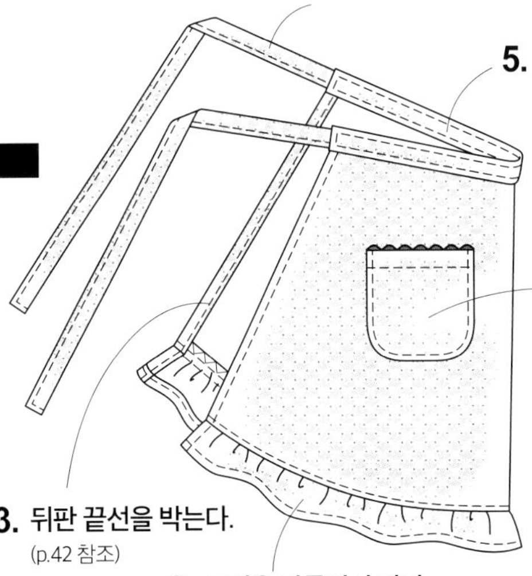

4. 허리끈을 만든다.(p.36 참조)

5. 허리끈을 끼워서 허릿단을 단다.
(p.36 참조)

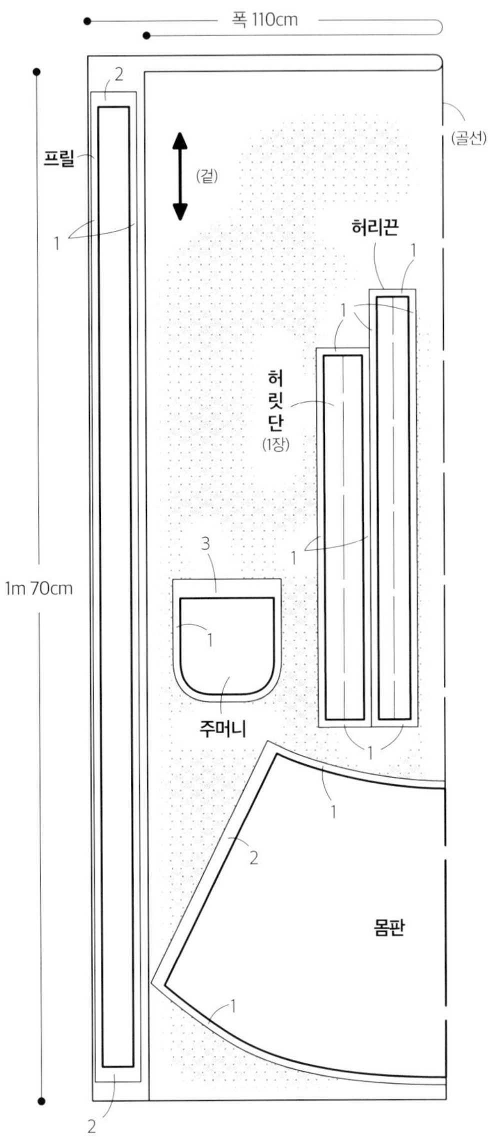

만드는 순서

주머니 입구 바느질

지그재그 테이프의 중앙과 주머니 입구를 맞춰서 박는다.

두 번 접어박기

지그재그 테이프(안)

0.2

주머니(겉)

주머니(안)

(안)
1
2

1. 주머니를 만들어 단다.(p.22 참조)

3. 뒤판 끝선을 박는다.
(p.42 참조)

2. 프릴을 만들어서 단다.
(p.42 참조)

Handmade Apron

하프
앞치마 2

☑ Feminine ☐ Stylish ☐ Simple

14

은은한 보랏빛을 띠는
깅엄체크로 만들어보세요.
캐주얼한 분위기를
연출할 수 있어요.

제작: 시부사와 후사

BACK STYLE

15

꽃무늬는 앞치마와 잘 어울리죠.
14의 원단을 바꿔서 만들었어요.
꽃무늬를 잘 입지 않는 사람이라면
앞치마로 도전해보세요.

제작: 시부사와 후사

14   15

재료		사용량
14 옷감(면 깅엄체크)	폭 110cm	1m 50cm
15 옷감(면 시팅)	폭 110cm	1m 50cm

옷본

* 이 작품은 실물 크기 옷본이 실려 있지 않으므로 종이에 제도하거나
  옷감에 직접 그려서 마름질하세요.

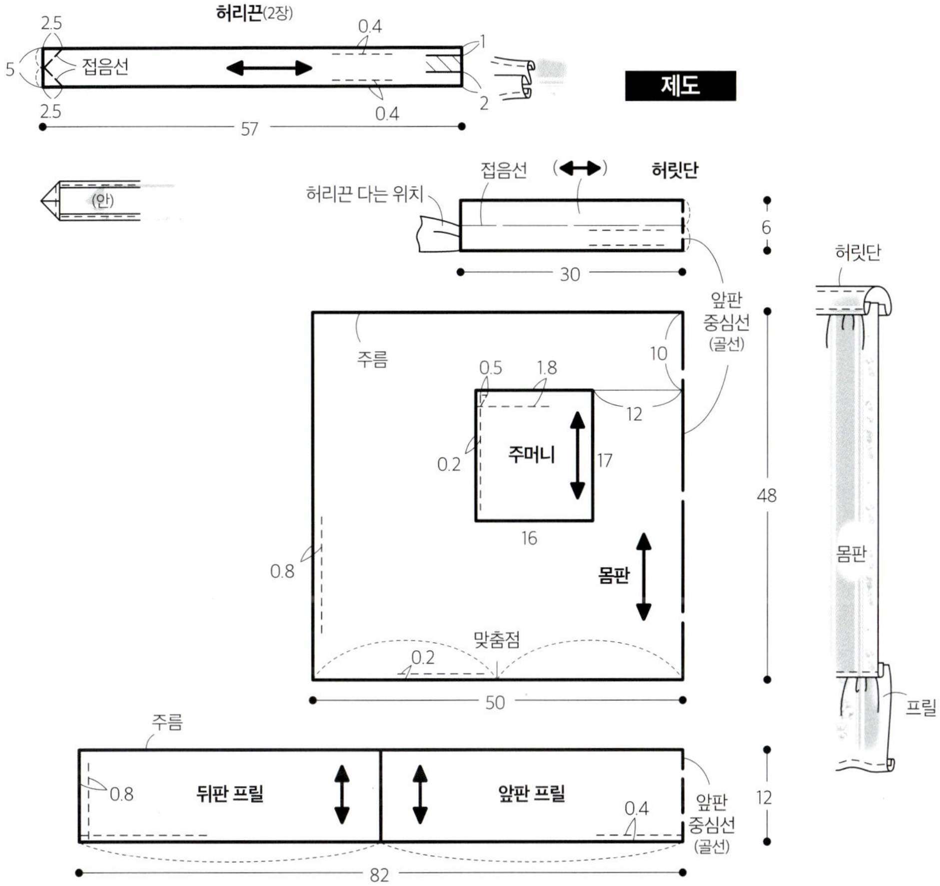

옷감 마름질하는 법   공통

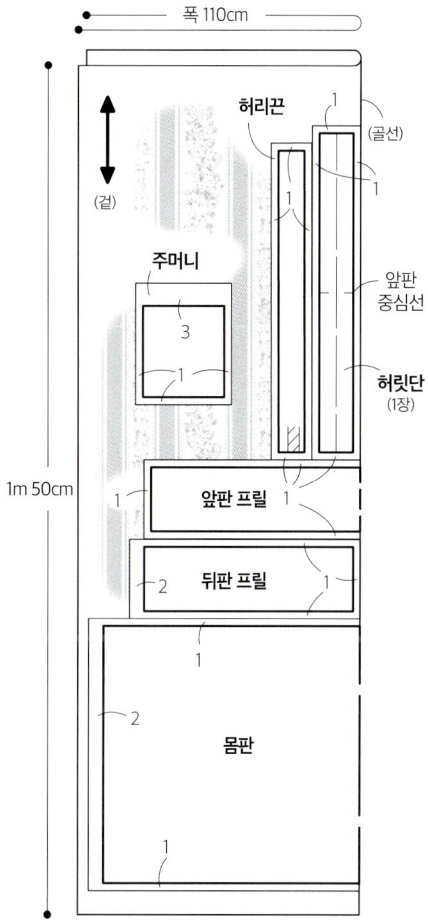

폭 110cm

(겉)

허리끈 1
(골선) 1

앞판
중심선

허릿단
(1장)

주머니
3
1

앞판 프릴 1

뒤판 프릴 1

1m 50cm
2
1

몸판

1

허리끈(2장)

2.5
5   접음선
2.5
0.4   1
0.4   2
57

(안)

제도

접음선 (↔)   허릿단
허리끈 다는 위치
30
6

앞판
중심선
(골선)

허릿단

주름
0.5 1.8
10
12
0.2   주머니   17
16
몸판
48

0.8

맞춤점
0.2
50

허릿단

몸판

프릴

주름
0.8   뒤판 프릴   앞판 프릴   0.4
82
앞판
중심선
(골선)
12

만드는 순서   공통

15

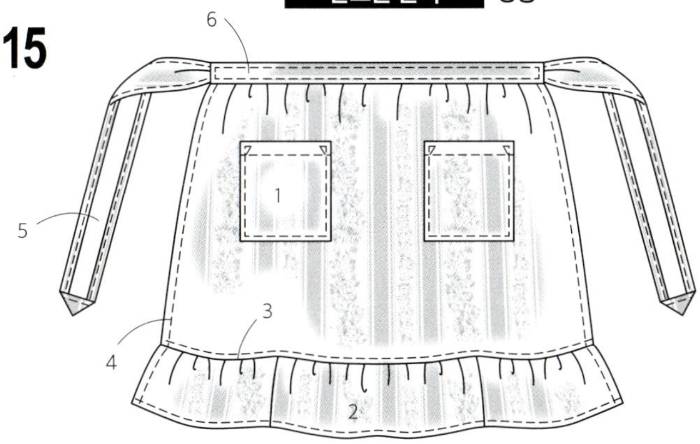

6
5
3
4
1
2

14

41

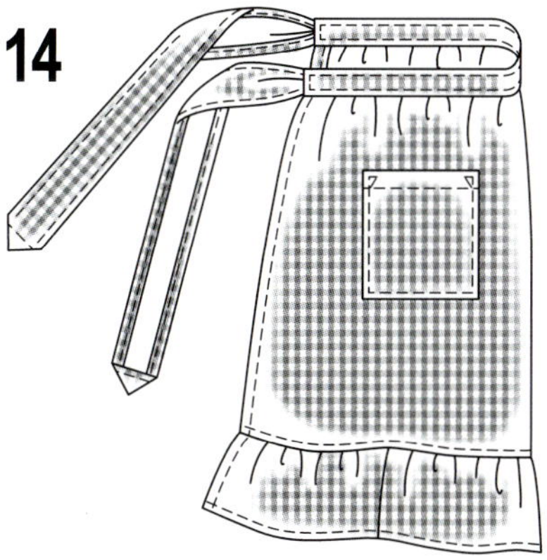

1. 주머니를 만들어서 단다.(p.34, p.84 참조)

주머니(겉)

몸판(겉)

0.5
(안)
0.5

2. 프릴을 만든다.

④ 큰 땀으로 성기게 박는다.

② 프릴을 이어 시접을 벌린다.

0.3

1.5

뒤판
프릴
(안)

앞판 프릴(안)

0.3

0.1

① 지그재그박기

③ 두 번 접어박기

3. 프릴을 단다.

몸판(겉)

④ 주름 잡은 실을 빼낸다.

뒤판
프릴
(안)

② 박는다.

① 밑실 2줄을 함께 당겨서
주름을 잡는다.

맞춤점

③ 2장 함께
지그재그박기

몸판
(겉)

① 시접을 몸판
쪽으로 넘긴다.

0.2

② 박는다.

뒤판 프릴(겉)

4. 뒤판 끝선을 박는다.

② 큰 땀으로
성기게 박는다.

0.3

0.3

① 두 번
접어박기

1
(안)
1

몸판(안)

0.2

앞판 프릴(안)

0.5
(안)
0.5

5. 허리끈을 만든다.

① 두 번 접어박기

허리끈(겉)

③ 박는다.

끈 다는 쪽

0.1

② 반으로 접는다.

③ 접박기를 접어서 표시의
가장자리를 박는다.

① 시접을 벌려서 접는다.

허리끈(안)

② 솔기 위를 박는다.

6. 허리끈을 끼워서 허릿단을 단다.

② 밑실 2줄을 함께 당겨서
주름을 잡는다.

허릿단(안)

③ 박는다.

① 표시에서
접는다.

몸판
(겉)

③ 박는다.

허릿단(안)

① 반으로
접는다.

② 허리끈을
끼운다.

몸판(겉)

허리끈(안)

① 겉으로 뒤집는다.

0.2

③ 주름 잡은
실을 빼낸다.

② 박는다.

허릿단(겉)

몸판(겉)

러블리 프릴 앞치마

☑ Feminine ☐ Stylish ☐ Simple

16

청초한 분위기를 자아내는 하얀 앞치마는
음식을 준비하는 행사라면 어디든 어울려요.
가슴 부분과 주머니 입구에 레이스를 달아
귀여움을 더했어요.

제작: 가네마루 가호리

BACK STYLE

17

16의 원단을 작은 꽃무늬로 바꿔봤어요.
빨간 지그재그 테이프로
포인트를 주었습니다.

제작: 가네마루 가호리

18

만드는 법
p.79

폭이 넓은 헤어밴드입니다.
앞치마와 같은 원단으로 만들어보세요.

제작: 가네마루 가호리

16   17

재료		사용량
16 옷감(면 브로드클로스)	폭 110cm	2m 30cm
16 레이스	폭 25mm	80cm
17 옷감(면 브로드클로스 프린트)	폭 110cm	2m 30cm
17 지그재그 테이프	폭 10mm	60cm
단추	지름 15mm	4개

옷본

◆ 실물 크기 옷본: B면16을 사용합니다.

◆ 사용 부분: 어깨 프릴 / 주머니

* 어깨 프릴, 주머니 외는 직선 부분이므로 옷감에 직접 그려서 마름질하세요.

제도

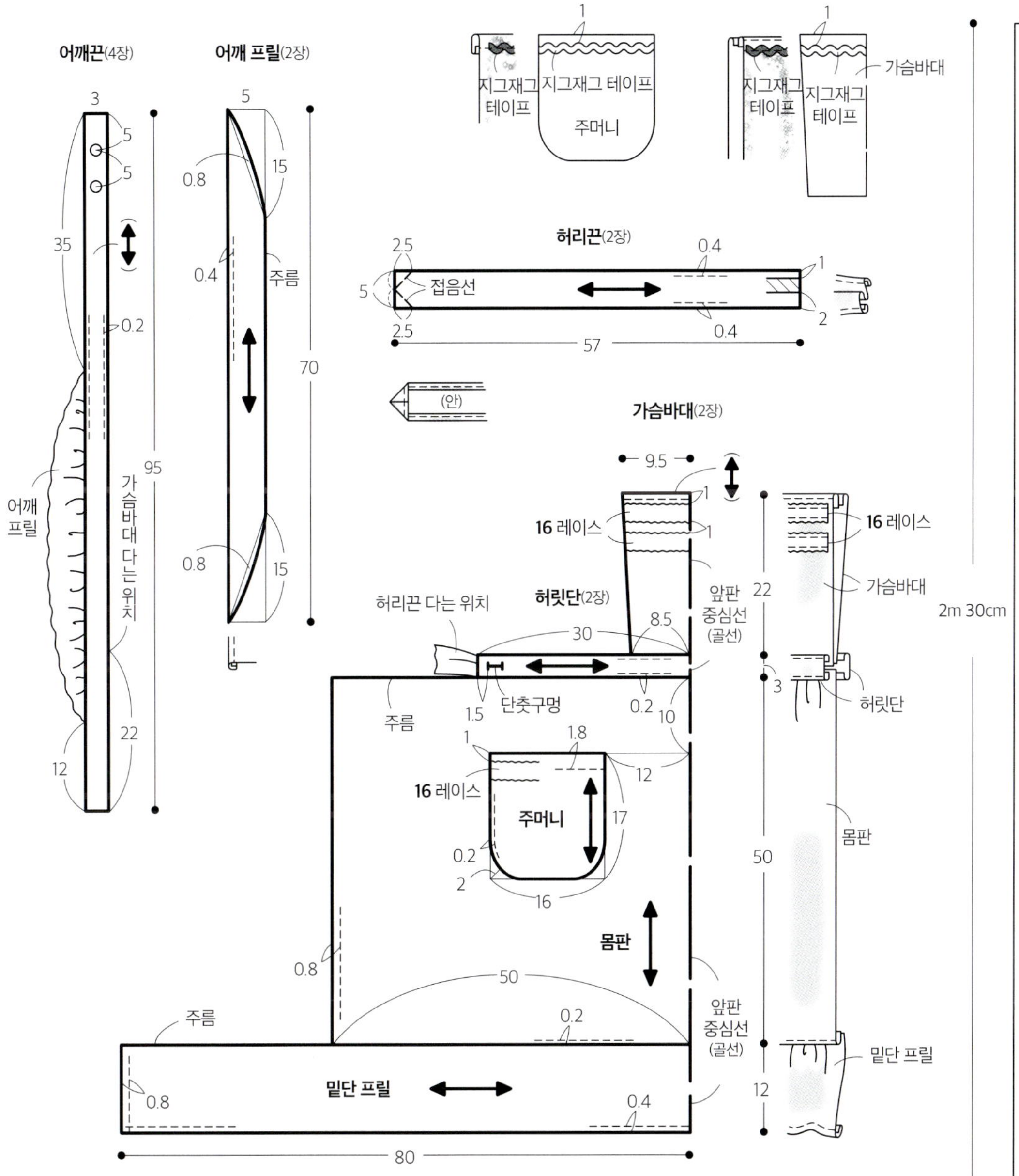

17의 지그재그 테이프 다는 위치

지그재그 테이프   지그재그 테이프   주머니

지그재그 테이프   지그재그 테이프   가슴바대

옷감 마름질하는 법   공통

어깨끈(4장)   **어깨 프릴**(2장)

3   5

5
5   15
0.8
35   0.4   주름
0.2

95   0.4   70

어깨 프릴   0.8   15

22

12

허리끈(2장)

2.5   0.4
5   접음선
2.5   57   0.4   1   2

(안)

가슴바대(2장)

9.5
1
16 레이스   1
앞판 중심선 (골선)
허리끈 다는 위치   **허릿단**(2장)   22
30   8.5
1.5   단춧구멍   0.2   10
주름   12   3   허릿단

1.8
16 레이스
주머니   17
0.2   50
2   16   몸판

50
0.8   0.2
주름   앞판 중심선 (골선)   몸판

밑단 프릴   밑단 프릴
0.8   0.4   12
80

옷감 마름질하는 법   공통

폭 110cm

2   3   주머니 (골선)
1   1   허리끈
밑단 프릴 (1장)   1   허릿단
어깨끈   앞판 중심선
앞판 중심선   1   2m 30cm
1   어깨 프릴
1   가슴바대
2   1   1
(겉)
2   몸판
1

45

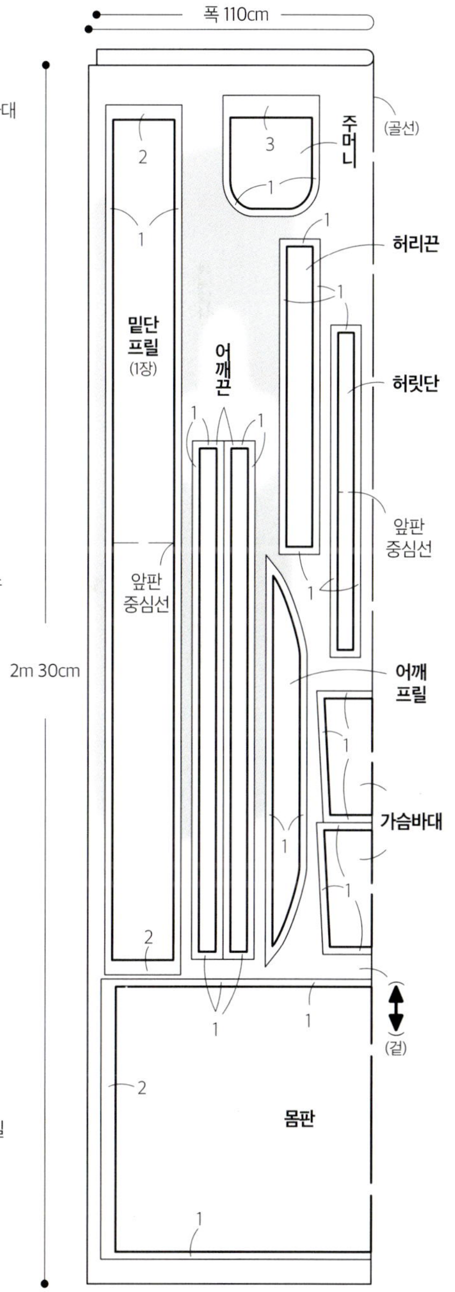

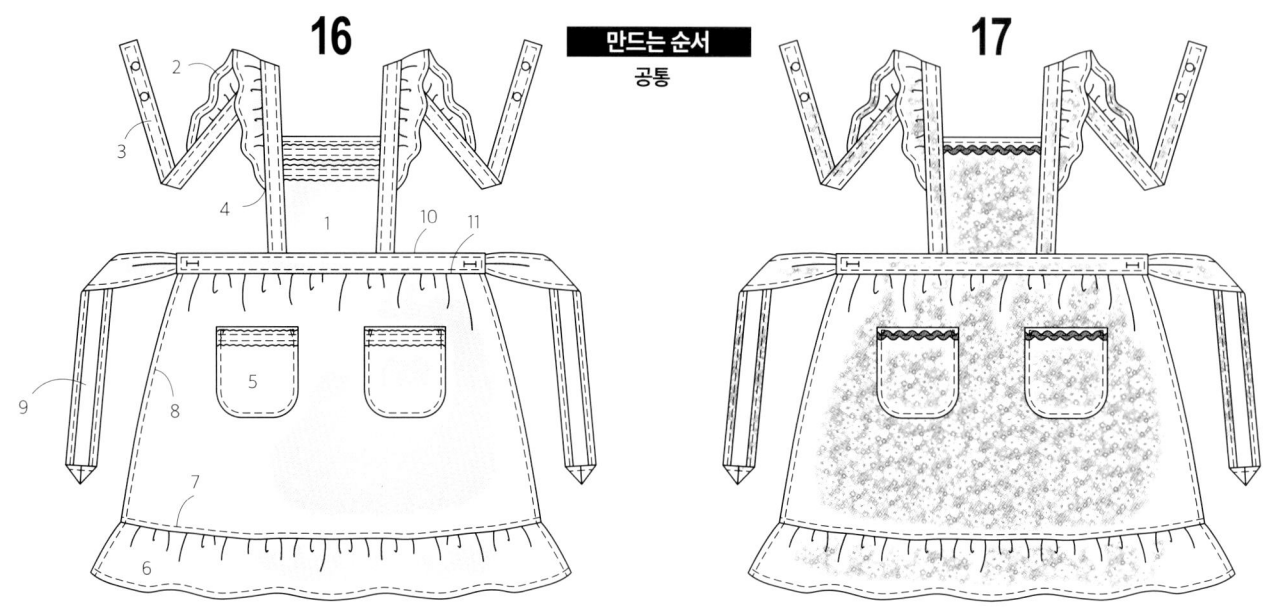

16　　**만드는 순서**　**공통**　　**17**

16: 2, 3, 4, 1, 10, 11, 9, 8, 5, 7, 6

만드는 법　공통

1. 가슴바대를 만든다.

가슴바대(겉)
박는다.
가슴바대(안)

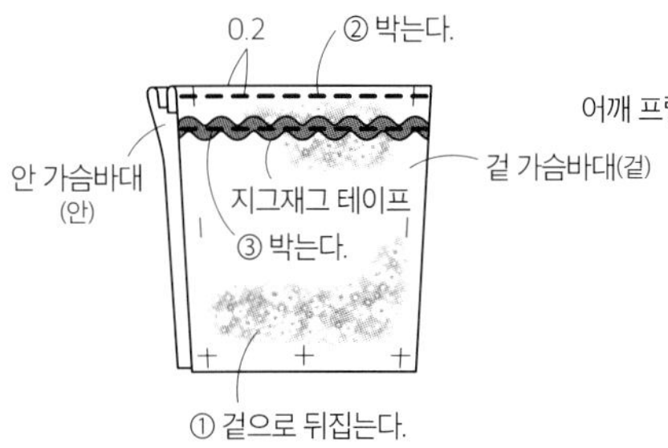

2. 어깨프릴을 만든다. (주름 잡는 법은 p.82 참조)

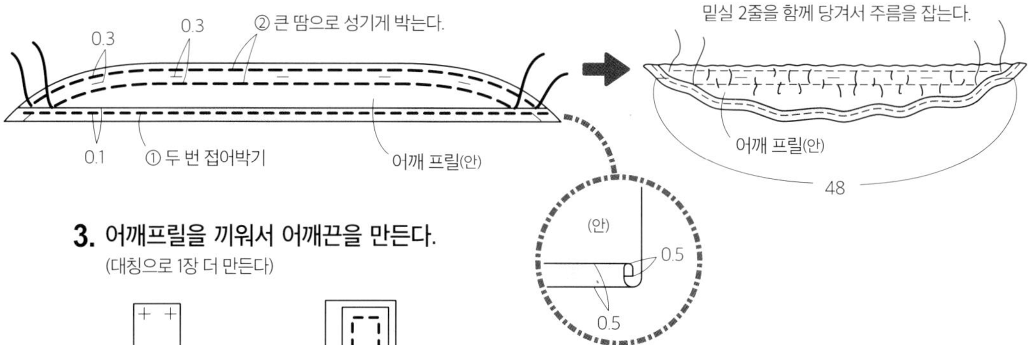

0.3　0.3　② 큰 땀으로 성기게 박는다.
0.1　① 두 번 접어박기　어깨 프릴(안)

밑실 2줄을 함께 당겨서 주름을 잡는다.

어깨 프릴(안)
48

(안)
0.5
0.5

3. 어깨프릴을 끼워서 어깨끈을 만든다.
(대칭으로 1장 더 만든다)

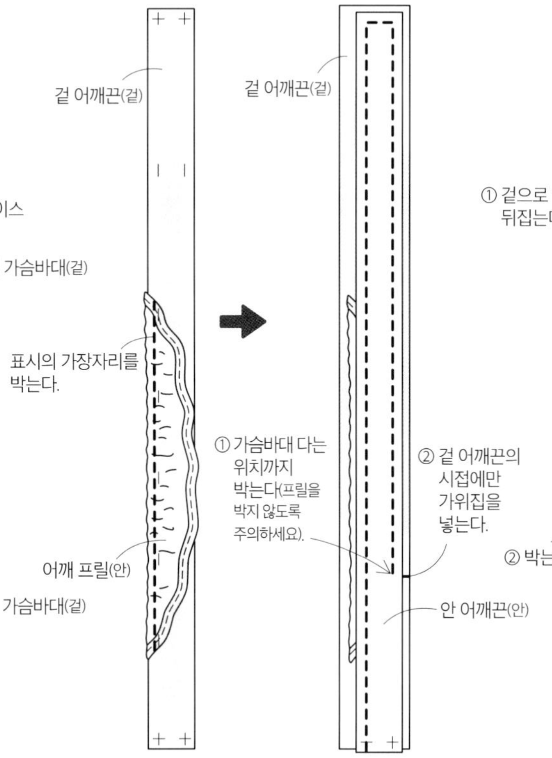

16의 경우 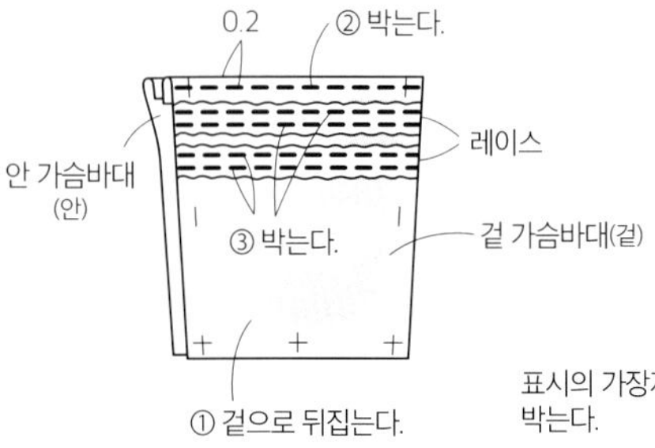
0.2　② 박는다.
안 가슴바대(안)　레이스
③ 박는다.　겉 가슴바대(겉)
① 겉으로 뒤집는다.

17의 경우
0.2　② 박는다.
안 가슴바대(안)
지그재그 테이프
③ 박는다.　겉 가슴바대(겉)
① 겉으로 뒤집는다.

겉 어깨끈(겉)
겉 어깨끈(겉)
표시의 가장자리를 박는다.
어깨 프릴(안)
① 가슴바대 다는 위치까지 박는다(프릴을 박지 않도록 주의하세요.)
② 겉 어깨끈의 시접에만 가위집을 넣는다.
안 어깨끈(안)

4. 어깨끈과 가슴바대를 잇는다.

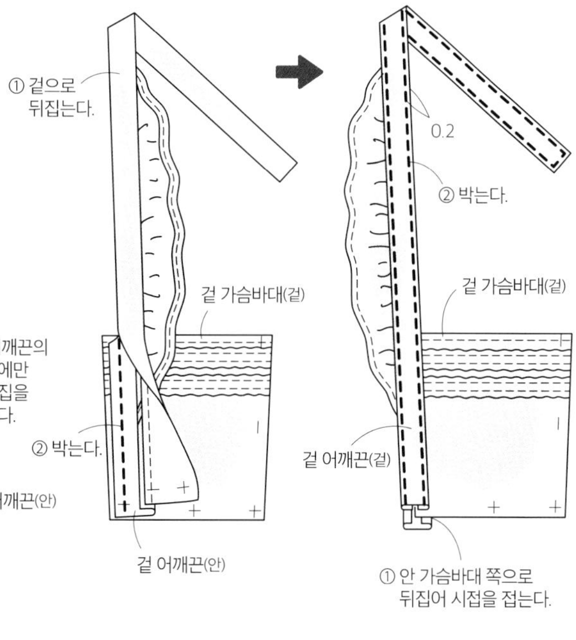

① 겉으로 뒤집는다.
② 박는다.
겉 어깨끈(안)
겉 가슴바대(겉)

0.2
② 박는다.
겉 가슴바대(겉)
겉 어깨끈(겉)
① 안 가슴바대 쪽으로 뒤집어 시접을 접는다.

5. 주머니를 만들어서 단다.(p.34, p.84 참조)

16의 경우

① 두 번 접어박기

레이스

② 박는다.

주머니(겉)

2

(안)

1

17의 경우

① 두 번 접어박기

② 박는다.

주머니(겉)

지그재그
테이프

몸판(겉)

박는다.

0.2

주머니(겉)

6. 밑단 프릴을 만든다.

② 큰 땀으로 성기게 박는다.

1.5

0.3

0.1

0.3

밑단 프릴(안)

① 두 번 접어박기

(안)

0.5

0.5

8. 뒤판 끝선을 박는다.

② 큰 땀으로 성기게 박는다.

0.3

0.3

1

(안)

1

① 두 번
접어박기

몸판(안)

0.2

밑단 프릴(안)

7. 몸판과 밑단 프릴을 잇는다.

+ − − +

몸판(겉)

② 박는다.

① 밑실 2줄을 함께
당겨서 주름을
잡는다.

밑단 프릴(안)

③ 2장 함께 지그재그박기

+ −

몸판(겉)

② 박는다.

① 시접을 몸판
쪽으로 넘긴다.

0.2

0.5

0.5

(안)

9. 허리끈을 만든다.

① 두 번 접어박기

0.1

③ 박는다.

② 반으로 접는다.

끈 다는 쪽

허리끈(겉)

허리끈(안)

① 시접을 펼쳐서 접는다.

③ 접박기를 접어서 표시의
가장자리를 박는다.

② 솔기 위를 박는다.

10. 허릿단에 가슴바대를 끼워서 박는다.

+ − + − +

안 허릿단(안)

한쪽 시접을 접어둔다.

겉 가슴바대(겉)

안 허릿단(겉)

겉 허릿단(안)

+ − +

① 가슴바대를 끼운다.

② 표시까지 박는다.

11. 허릿단과 몸판과 허리끈을 잇는다.(p.29 참조)

완성

Handmade Apron

파이핑&
배색 앞치마

□ Feminine ☑ Stylish □ Simple

19

요즘 유행하는 뉴트로 스타일의
꽃무늬 앞치마입니다.
테두리가 돋보이는
초록색 파이핑이 스타일리시해요.

제작: 요시다 미카코

20

베이지와 네이비의 바이컬러가 모던합니다.
색의 조합을 즐길 수 있는 앞치마입니다.
소재는 코튼 트윌이에요.

제작: 요시다 미카코

BACK STYLE

19

재료		사용량
옷감(코튼 트윌)	폭 110cm	1m 30cm
바이어스 테이프(바인딩)	폭 11mm	4m 20cm

옷본

◆ **실물 크기 옷본:** A면19를 사용합니다.

◆ **사용 부분:** 몸판·주머니/안단

* 어깨끈, 허리끈은 직선 부분이므로 옷감에 직접 그려서 마름질하세요.

옷감 마름질하는 법

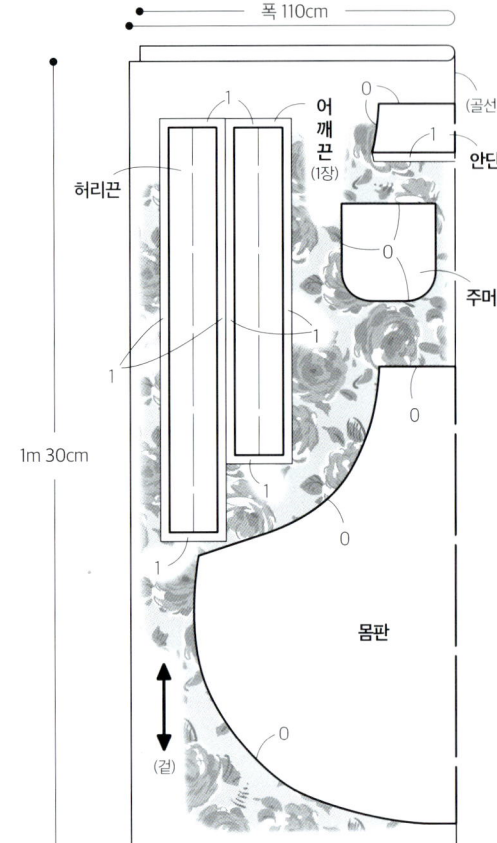

폭 110cm

허리끈

어깨끈(1장)

(골선)

안단

1m 30cm

주머니

몸판

(겉)

제도

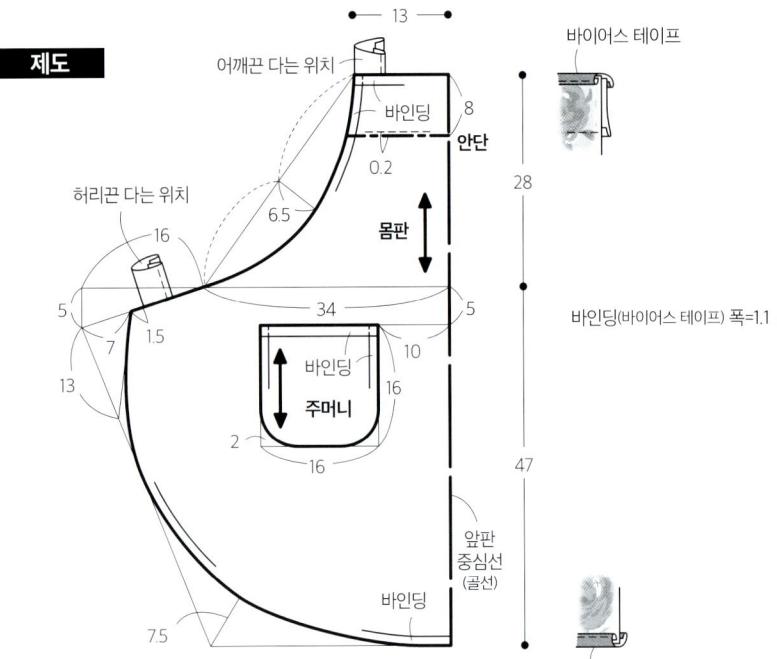

13

어깨끈 다는 위치

바인딩

안단

0.2

8

28

바이어스 테이프

허리끈 다는 위치

6.5

몸판

16

5

34

5

바인딩(바이어스 테이프) 폭=1.1

1.5

7

바인딩

주머니

10

16

13

2

16

47

앞판 중심선 (골선)

7.5

바인딩

33

바이어스 테이프

허리끈(2장)

8

접음선

67

0.2

4

어깨끈(1장)

8

접음선

54

0.2

4

만드는 순서

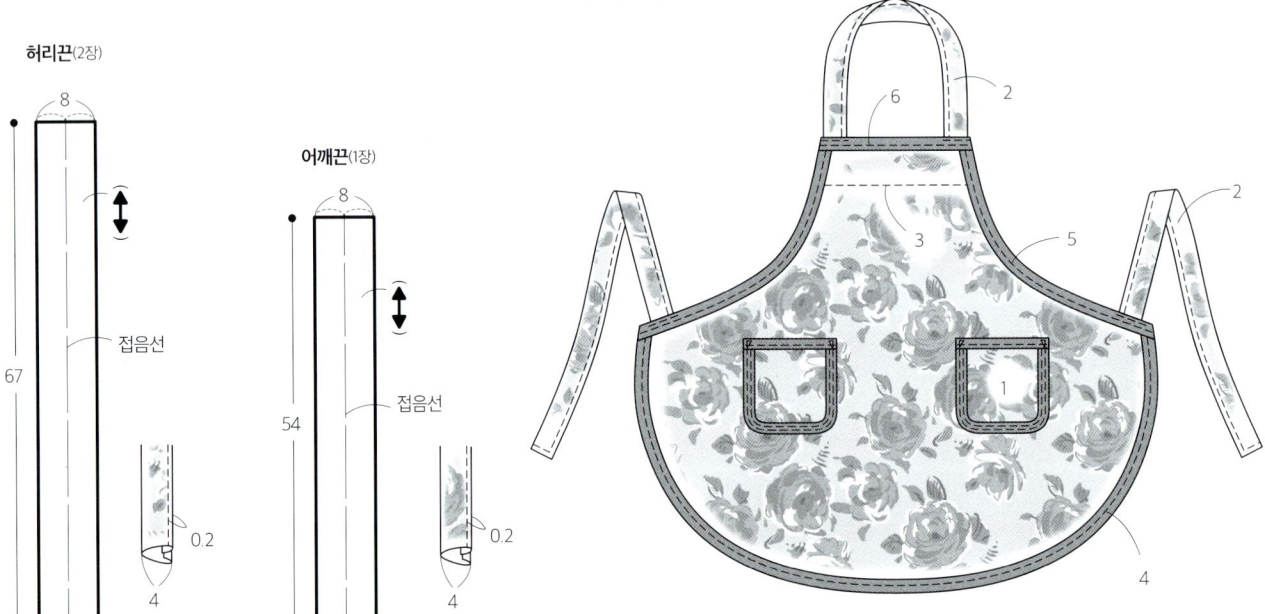

6

2

3

5

1

2

4

만드는 법   **1.** 주머니를 만들어서 단다.(자세한 바인딩 방법은 p.83 참조)

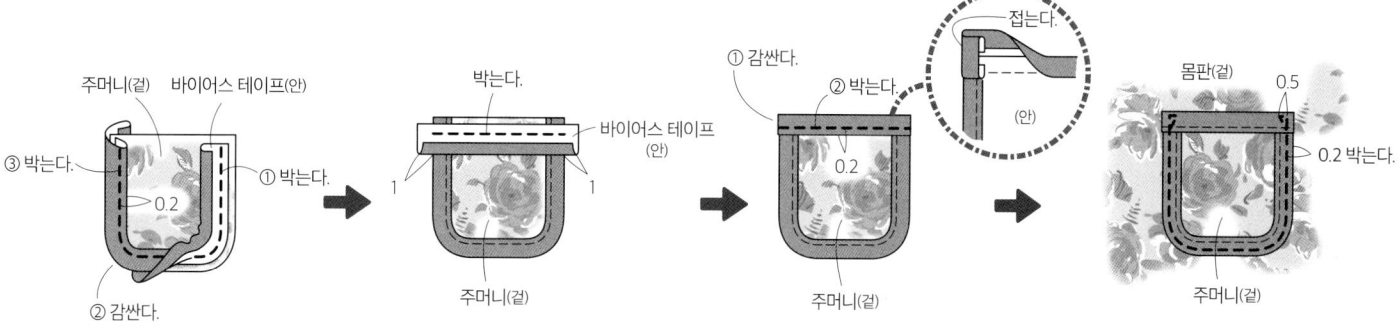

2. 어깨끈과 허리끈을 만든다.(p.53 참조)

3. 안단을 단다.

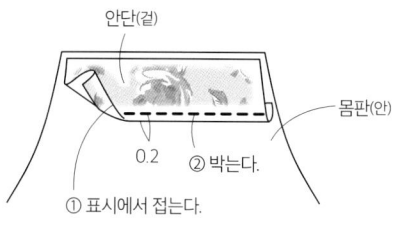

4. 밑단선을 바인딩한다.

5. 어깨끈을 겹쳐서 진동둘레를 바인딩한다.

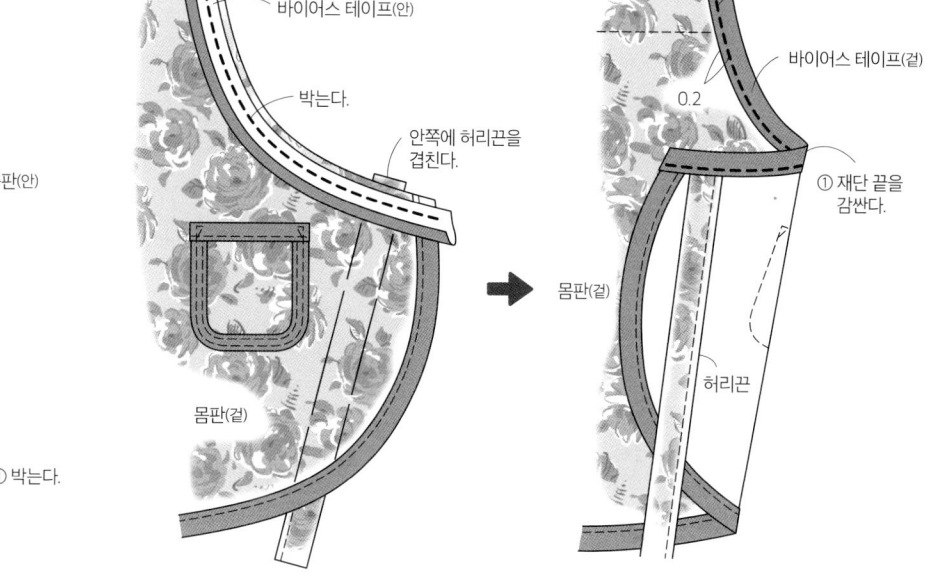

6. 어깨끈을 겹쳐서 가슴판을 바인딩한다.

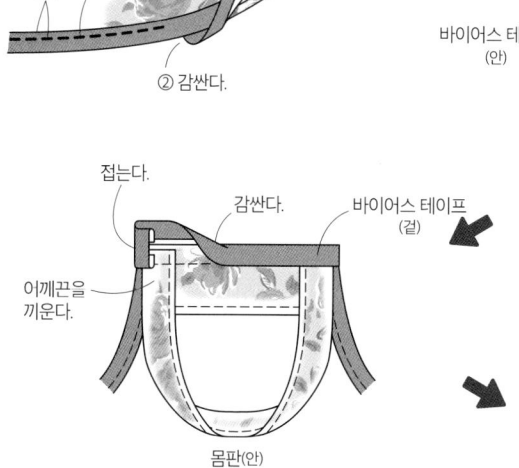

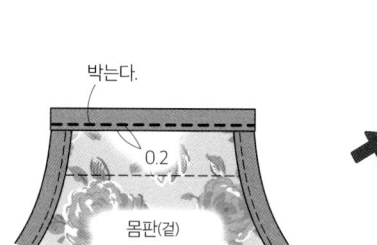

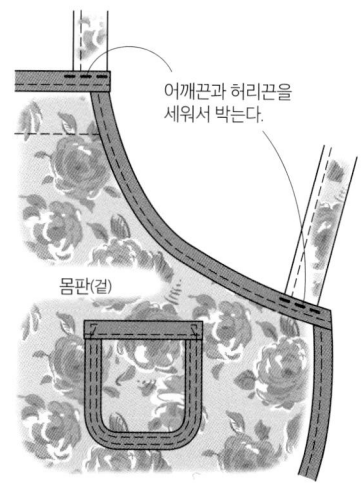

완성

재료		사용량
옷감(코튼 트윌)	폭 112cm	80cm
배색감(코튼 트윌)	폭 112cm	1m 20cm

옷본

◆ **실물 크기 옷본**: A면19를 응용합니다.

◆ **사용 부분**: 몸판·주머니

* 어깨끈, 허리끈, 바이어스감은 직선 부분이므로 옷감에 직접 그려서 마름질하세요.

◆ **옷본 수정법**

* 뒤판 끝선을 일직선으로 다시 그어주세요.

* 가슴판과 밑단에 교체선을 넣어주세요.

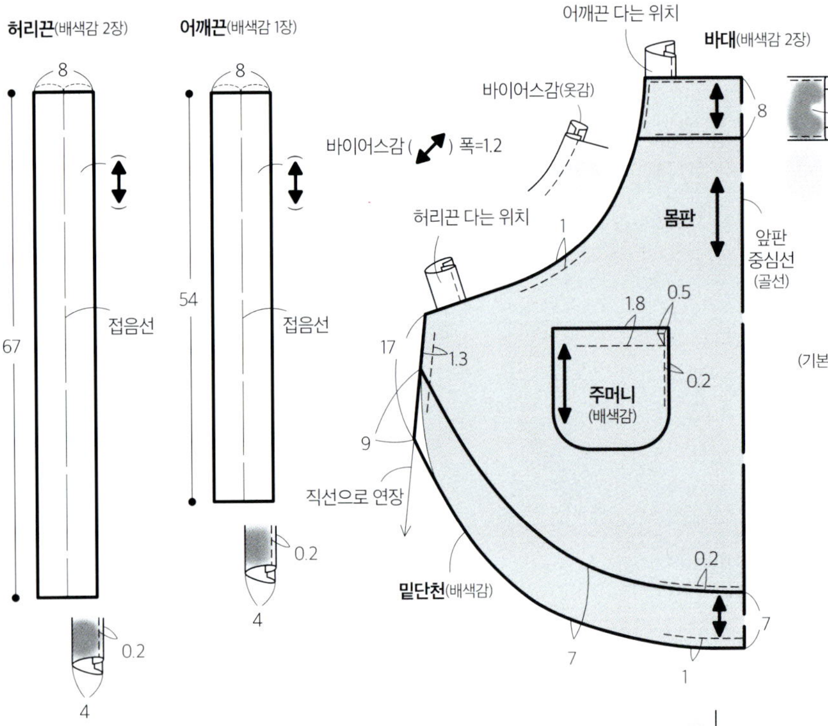

옷감 마름질하는 법

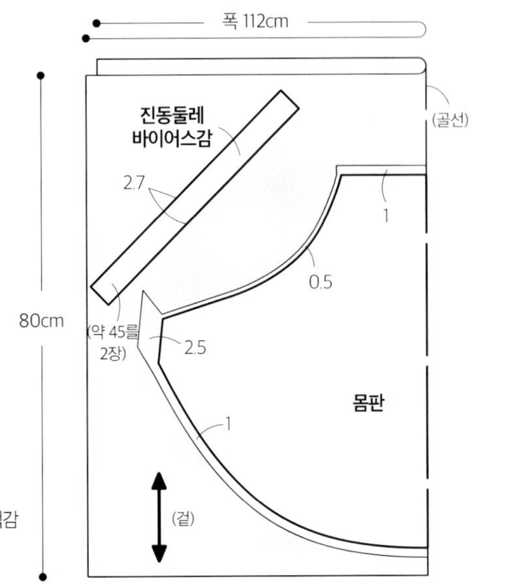

폭 112cm

(골선)

진동둘레 바이어스감

2.7

1

0.5

(약 45를 2장)

2.5

1

몸판

80cm

1

(겉)

허리끈(배색감 2장)

8

접음선

67

0.2

4

어깨끈(배색감 1장)

8

54

접음선

4

바이어스감(↔) 폭=1.2

어깨끈 다는 위치

허리끈 다는 위치

1

17

1.3

9

직선으로 연장

몸판

앞판 중심선 (골선)

1.8   0.5

주머니 (배색감)

0.2

0.2

7

밑단천(배색감)

7   1

바대(배색감 2장)

8

배색감

배색감

바이어스감(배색감)

= 옷본
(기본 옷본 제도는 p.50)

배색감 마름질하는 법

폭 112cm

(골선)

어깨끈 (1장)

1   1

밑단 바이어스감

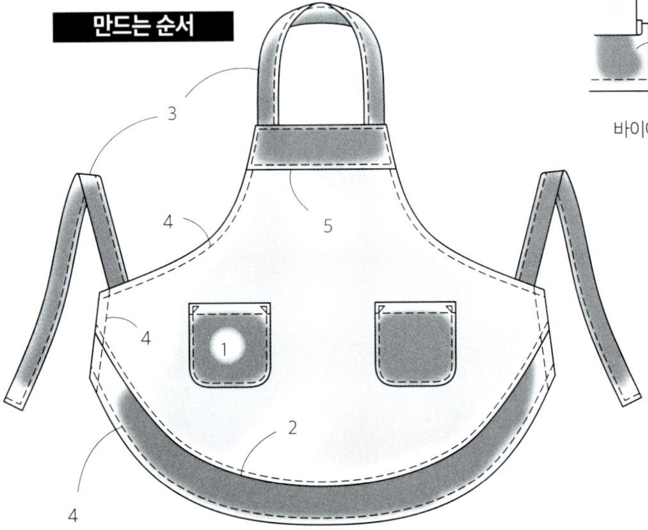

2.7

(이어 맞춰서 약 120)

펼쳐서 마름질한다

허리끈

2.5

주머니

3

1

바대

1

밑단천

1

0.5

1m 20cm

(겉)

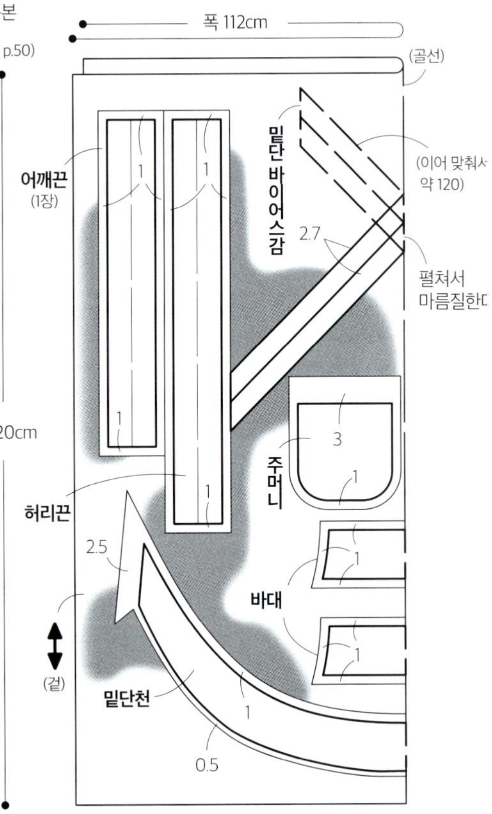

* 바이어스감의 마름질 폭 = 완성 폭×2+0.1~0.5(연장 분)

만드는 순서

3

4

5

4

4

1

2

4

1. 주머니를 만들어서 단다.(p.34, p.84 참조)

2. 몸판과 밑단천을 잇는다.

3. 어깨끈과 허리끈을 만든다.

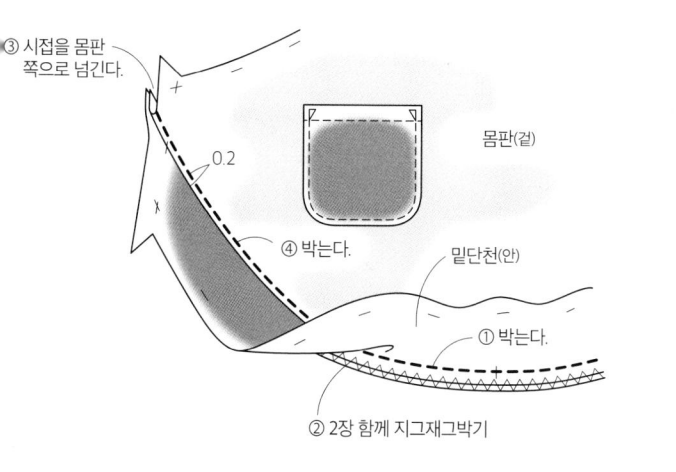

③ 시접을 몸판 쪽으로 넘긴다.

0.2

몸판(겉)

④ 박는다.

밑단천(안)

① 박는다.

② 2장 함께 지그재그박기

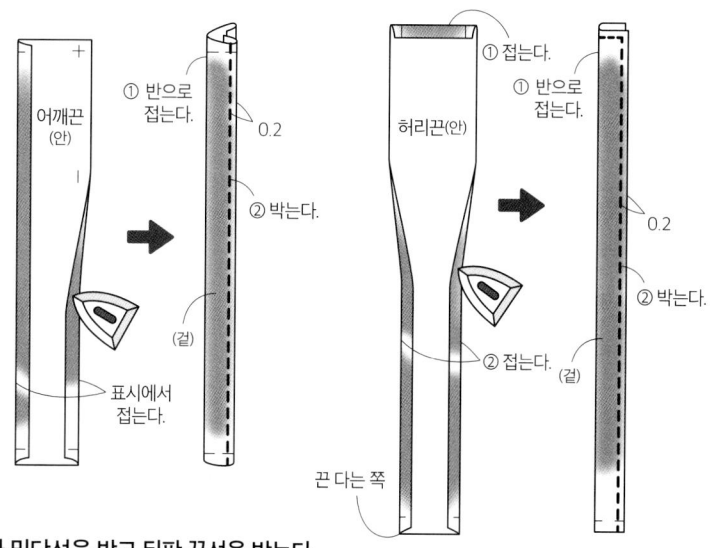

어깨끈(안)

① 반으로 접는다.

0.2

② 박는다.

(겉)

표시에서 접는다.

① 접는다.

허리끈(안)

① 반으로 접는다.

0.2

② 박는다.

② 접는다.

(겉)

끈 다는 쪽

4. 허리끈을 끼워서 진동둘레와 밑단선을 박고 뒤판 끝선을 박는다.

(바이어스감 만드는 법은 p.83 참조)

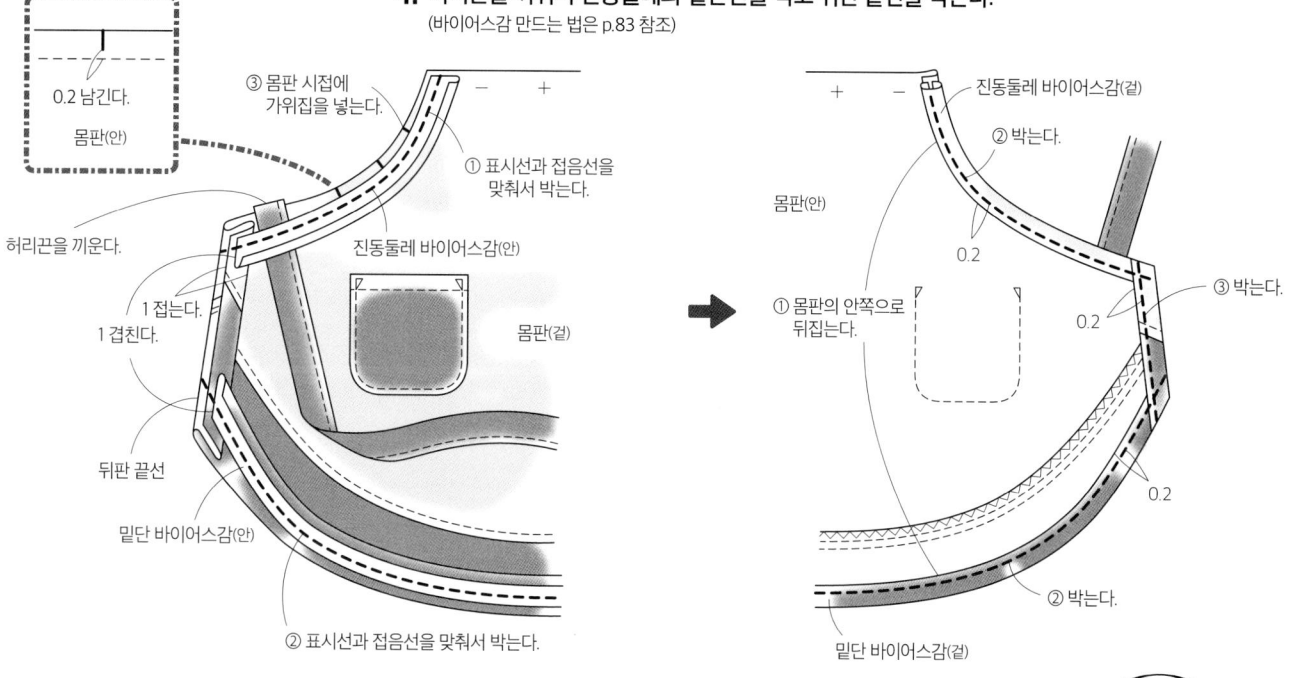

0.2 남긴다.

몸판(안)

허리끈을 끼운다.

1 접는다.

1 겹친다.

뒤판 끝선

밑단 바이어스감(안)

③ 몸판 시접에 가위집을 넣는다.

① 표시선과 접음선을 맞춰서 박는다.

진동둘레 바이어스감(안)

몸판(겉)

② 표시선과 접음선을 맞춰서 박는다.

진동둘레 바이어스감(겉)

② 박는다.

몸판(안)

0.2

① 몸판의 안쪽으로 뒤집는다.

③ 박는다.

0.2

0.2

② 박는다.

밑단 바이어스감(겉)

5. 어깨끈을 끼워서 바대를 만들고 몸판을 잇는다.

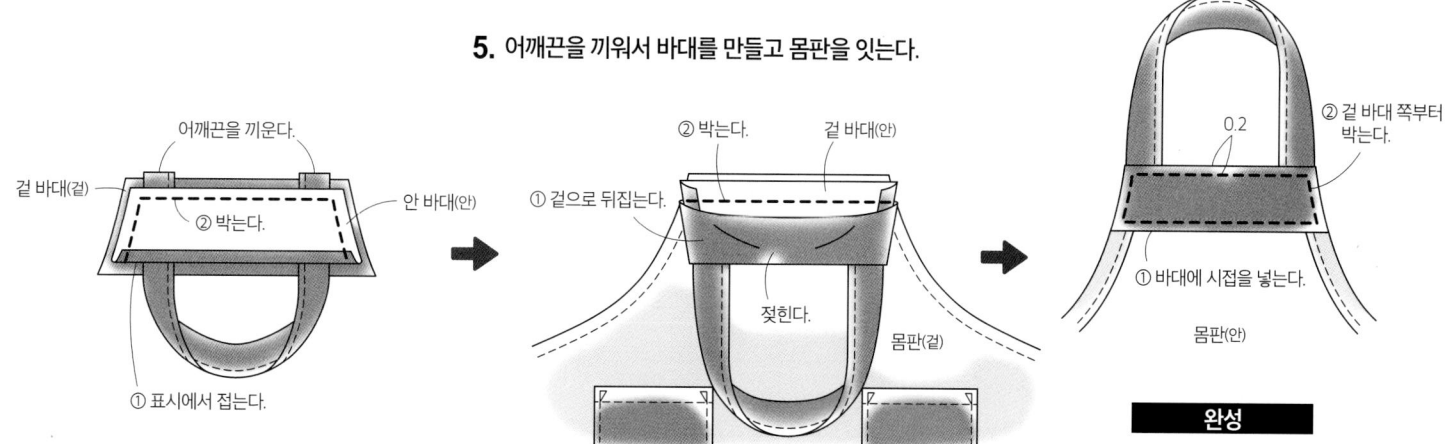

어깨끈을 끼운다.

겉 바대(겉)

② 박는다.

안 바대(안)

① 표시에서 접는다.

② 박는다.

겉 바대(안)

① 겉으로 뒤집는다.

젖힌다.

몸판(겉)

0.2

② 겉 바대 쪽부터 박는다.

① 바대에 시접을 넣는다.

몸판(안)

완성

Handmade Apron

롱 앞치마

☐ Feminine ☐ Stylish ☑ Simple

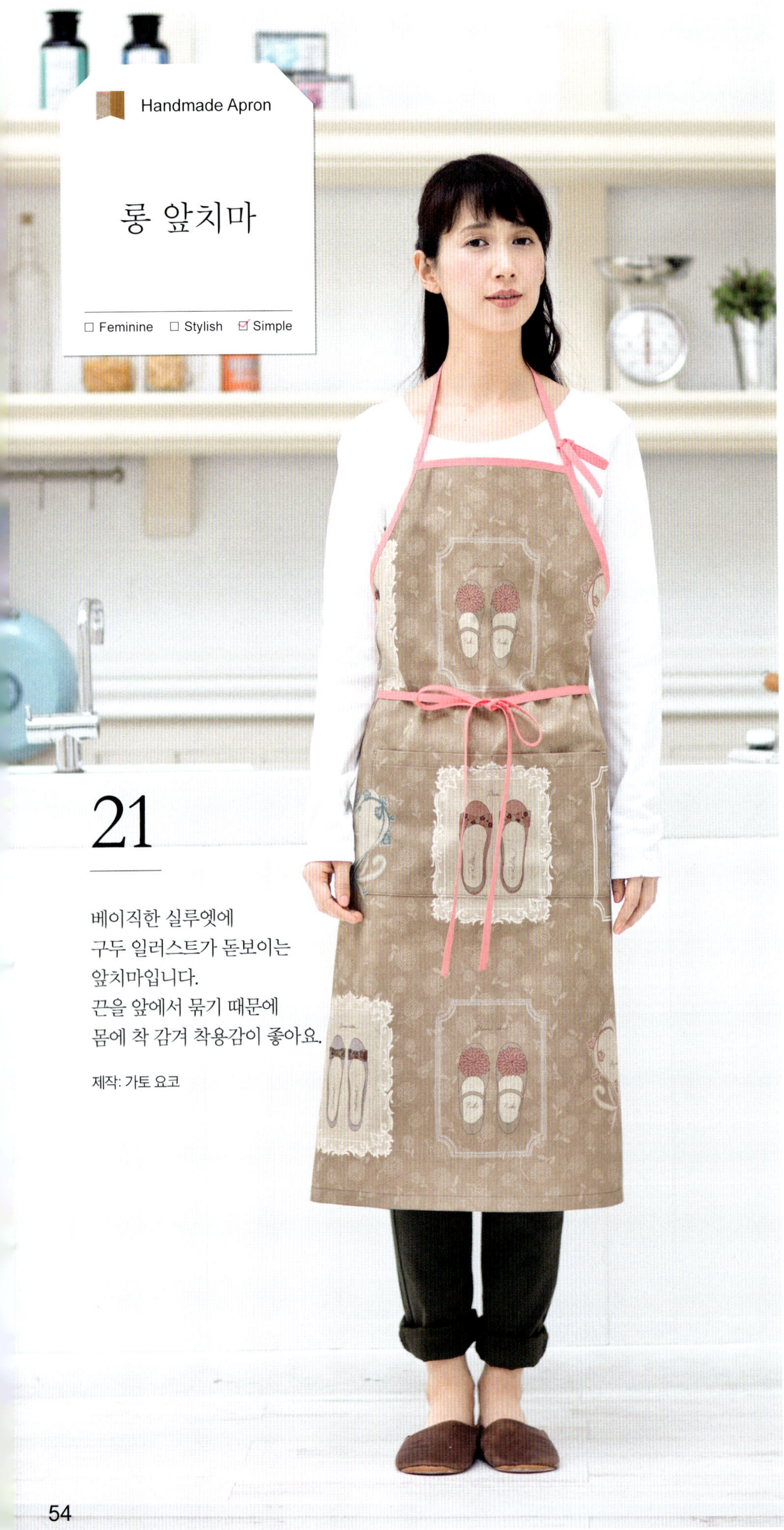

21

베이직한 실루엣에
구두 일러스트가 돋보이는
앞치마입니다.
끈을 앞에서 묶기 때문에
몸에 착 감겨 착용감이 좋아요.

제작: 가토 요코

22

만드는 법
p.80

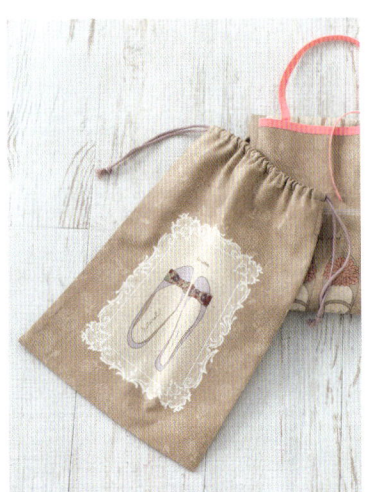

앞치마를 넣고 다닐 수 있는
앞치마 주머니예요.
요리교실에 갈 때 추천해요.
좋아하는 무늬를 넣어 응용해보세요.

제작: 가토 요코

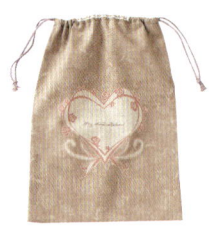

22의 뒷면

23

고급 리넨으로 만든 앞치마입니다.
산뜻하고 깊이 있는 겨자색이에요.
과하지 않으면서도 깔끔한 디자인입니다.

제작: 가토 요코

BACK STYLE

Handmade Apron

브이넥
앞치마

□ Feminine ☑ Stylish □ Simple

24

탈색감이 좋은 면마혼방 앞치마입니다.
일상복으로도 손색없는
편안한 브이넥 디자인입니다.

제작: 가네마루 가호리

BACK STYLE

25

24보다 길이를 짧게 만들었어요.
과일과 채소 프린트가 주방과
잘 어울립니다.
왠지 요리 실력도 늘 것 같아요.

제작: 가네마루 가호리

26

만드는 법
p.80

냄비받침으로도 활용할 수 있는
주방장갑입니다.
심플한 사각형이라서
쉽게 만들 수 있어요.

제작: 가네마루 가호리

21

재료		사용량
옷감(코튼 리넨)	폭 110cm	1m 50cm
바이어스 테이프(바인딩)	폭 11mm	4m 20cm

◆ 무늬를 맞출 필요가 없는 옷감을 사용하는 경우에는 1m 30cm로 만들 수 있습니다.

옷본

◆ **실물 크기 옷본**: A면1을 응용합니다.

◆ **사용 부분**: 몸판

◆ **옷본 수정법**

* 가슴판을 직선으로 하여 길이를 길게 잡으세요.

* 주머니를 제도하세요.

만드는 순서

◆ 2~5의 만드는 법은 p.60 참조.

1. 주머니를 만들어서 단다.(p.67 참조)
2. 가슴선을 바인딩한다.
3. 밑단선을 박는다.
4. 뒤판 끝선을 박는다.
5. 진동둘레의 바인딩에 이어서 어깨끈과 고리와 허리끈을 만든다.

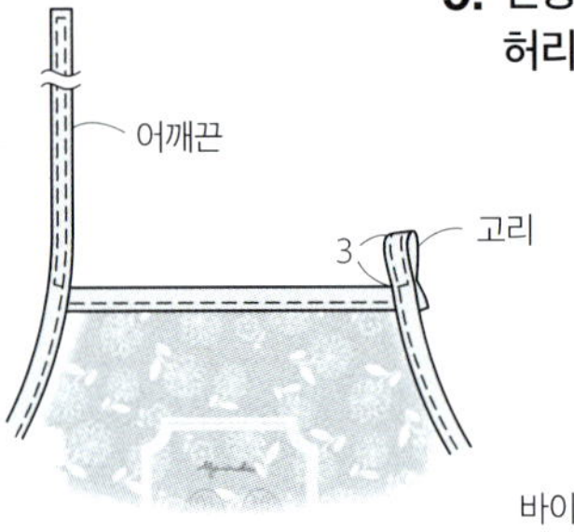

=옷본
(기본 옷본 제도는 p.10)

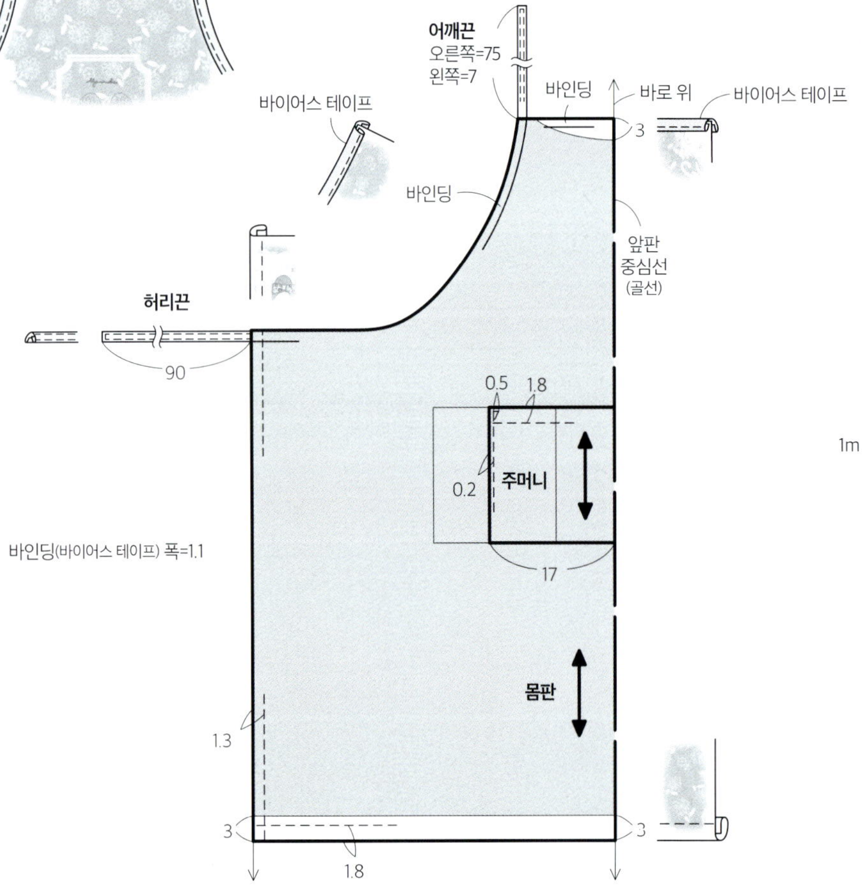

어깨끈

고리 3

바이어스 테이프

어깨끈
오른쪽=75
왼쪽=7

바인딩 · 바로 위 · 바이어스 테이프
3

바인딩

앞판
중심선
(골선)

허리끈
90

0.5 1.8

0.2 주머니

17

바인딩(바이어스 테이프) 폭=1.1

몸판

1.3

3 · 3

1.8

옷감 마름질하는 법

폭 110cm

(골선)

주머니
3
1

(겉)

0

1m 50cm

2.5

몸판

3

58

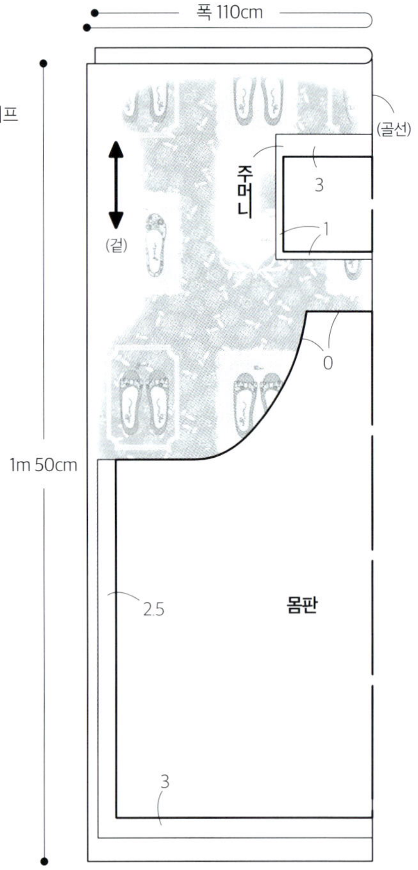

재료		사용량
옷감(프렌치 리넨)	폭 130cm	1m 60cm

옷본

◆ **실물 크기 옷본**: A면1을 응용합니다.

◆ **사용 부분**: 몸판·주머니

* 바인딩감은 직선 부분이므로 옷감에 직접 그려서 마름질하세요.

◆ **옷본 수정법**

* 길이를 길게 하여 앞판 중심선부터 주름 분량을 5cm 꺼내 가슴판을 다시 그어주세요.

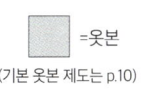

=옷본

(기본 옷본 제도는 p.10)

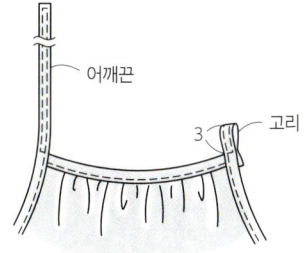

어깨끈

고리

3

만드는 순서

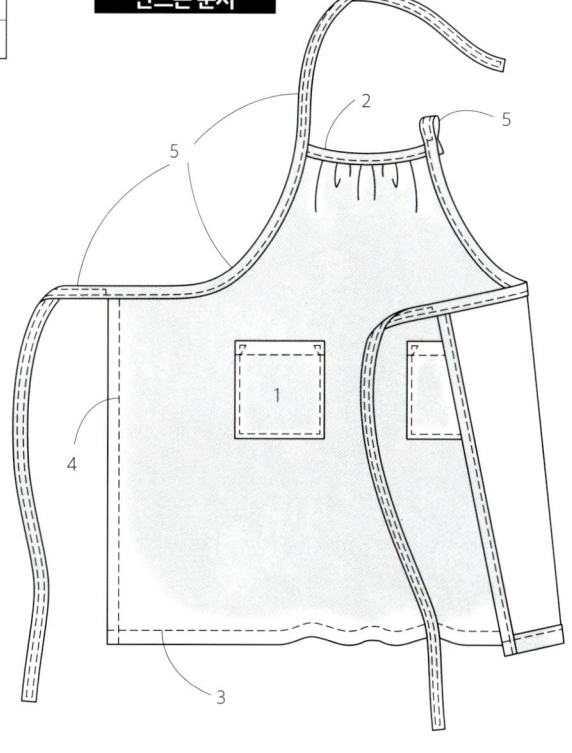

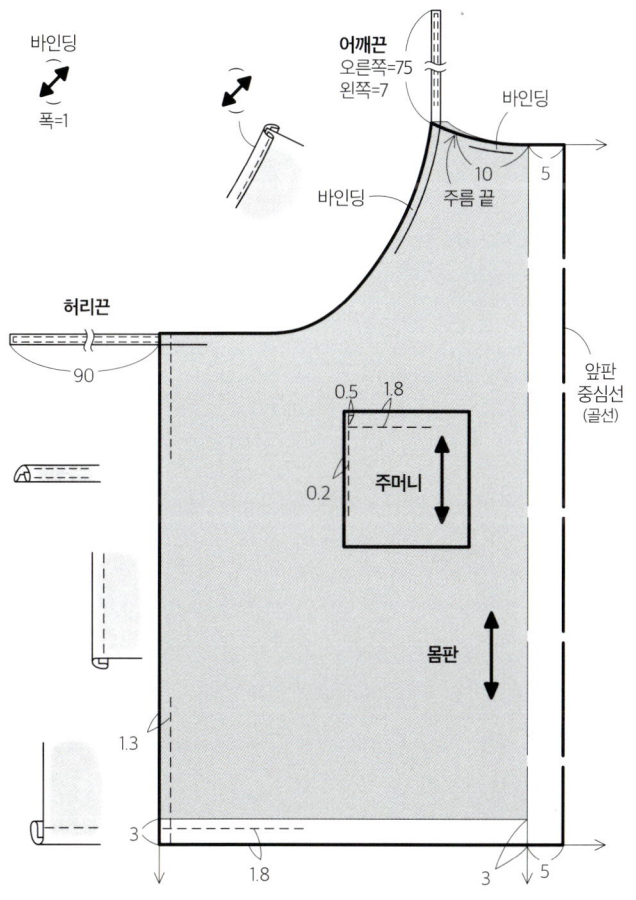

바인딩

폭=1

어깨끈
오른쪽=75
왼쪽=7

바인딩

바인딩

10
주름 끝

5

허리끈

90

앞판
중심선
(골선)

0.5 1.8

0.2

주머니

몸판

1.3

3

1.8

3 5

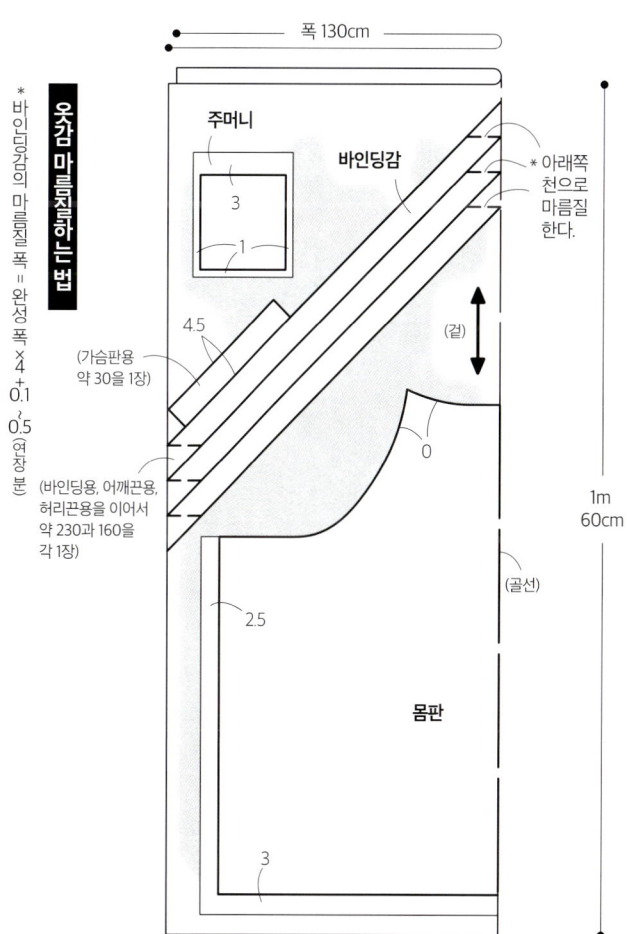

옷감 마름질하는 법

* 바인딩감의 마름질폭 = 완성폭 ×4 + 0.1 0.5 (연장분)

폭 130cm

주머니

3

1

바인딩감

* 아래쪽 천으로 마름질 한다.

4.5

(가슴판용 약 30을 1장)

(바인딩용, 어깨끈용, 허리끈용을 이어서 약 230과 160을 각 1장)

(겉)

0

(골선)

2.5

몸판

3

1m
60cm

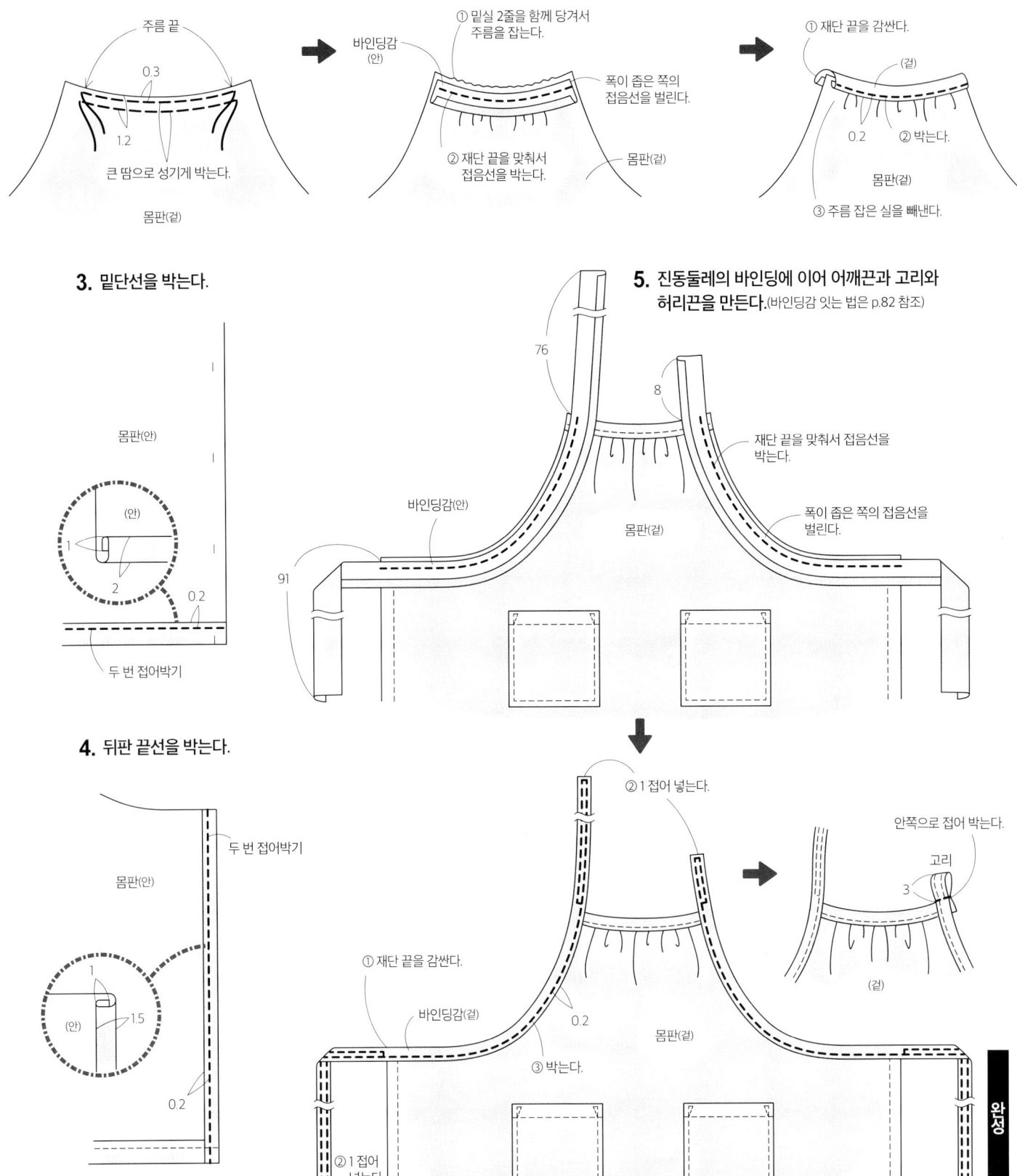

만드는 법 **1.** 주머니를 만들어서 단다.(p.34, p.84 참조)

2. 가슴판을 바인딩한다.(주름 잡는 법은 p.82 참조. 바인딩감 만드는 법은 p.83 참조)

주름 끝
0.3
1.2
큰 땀으로 성기게 박는다.
몸판(겉)

① 밑실 2줄을 함께 당겨서 주름을 잡는다.
바인딩감 (안)
폭이 좁은 쪽의 접음선을 벌린다.
② 재단 끝을 맞춰서 접음선을 박는다.
몸판(겉)

① 재단 끝을 감싼다.
(겉)
0.2
② 박는다.
몸판(겉)
③ 주름 잡은 실을 빼낸다.

3. 밑단선을 박는다.

몸판(안)
(안)
1
2
0.2
두 번 접어박기

4. 뒤판 끝선을 박는다.

몸판(안)
두 번 접어박기
(안)
1
1.5
0.2

5. 진동둘레의 바인딩에 이어 어깨끈과 고리와 허리끈을 만든다.(바인딩감 잇는 법은 p.82 참조)

76
8
재단 끝을 맞춰서 접음선을 박는다.
바인딩감(안)
몸판(겉)
폭이 좁은 쪽의 접음선을 벌린다.
91

② 1 접어 넣는다.
① 재단 끝을 감싼다.
바인딩감(겉)
0.2
③ 박는다.
몸판(겉)
② 1 접어 넣는다.

안쪽으로 접어 박는다.
고리
3
(겉)

완성

60

재료		사용량
24 옷감(면마혼방)	폭 110cm	2m 50cm
25 옷감(면마혼방)	폭 110cm	2m 10cm
25 능직 테이프	폭 20mm	1m 70cm
단추	지름 15mm	4개

옷본

◆ **실물 크기 옷본:** A면24·25를 사용합니다.

◆ **사용 부분:** 앞주머니/ 뒤판 / 앞판 안단 / 뒤판 안단

* 어깨끈, 24의 허리끈은 직선 부분이므로 옷감에 직접 그려서 마름질하세요.

25

옷감 마름질하는 법 공통

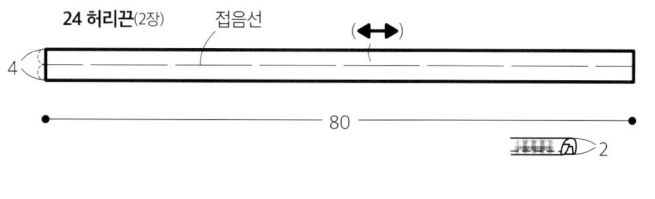

24 허리끈(2장) 접음선 4 80 2

25 허리끈(능직 테이프, 2장) 2 80

제도

어깨끈(2장)

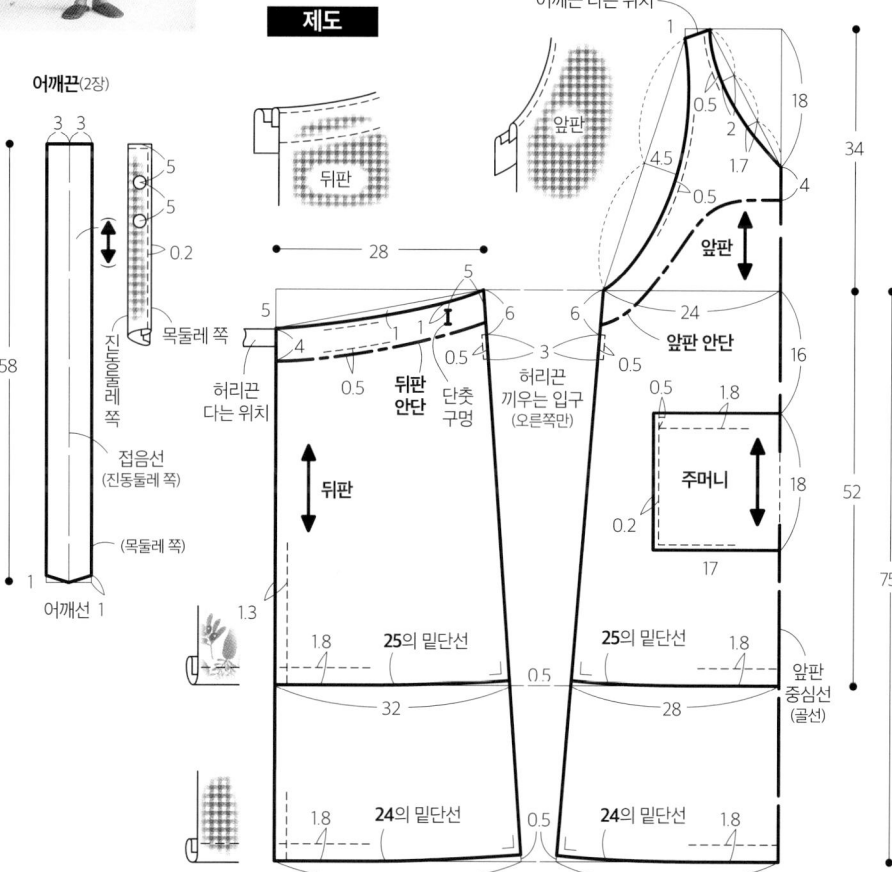

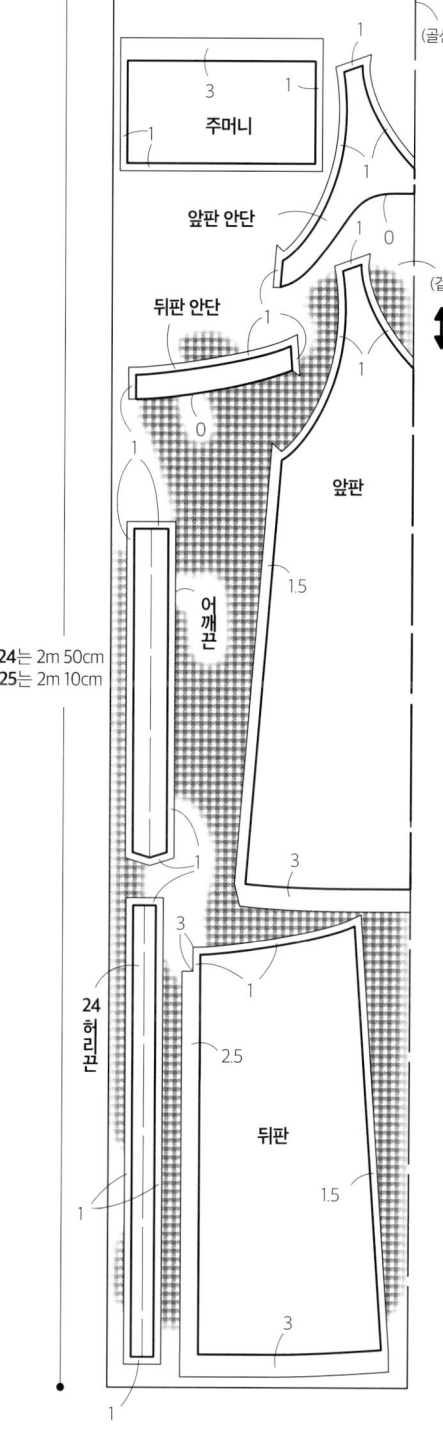

24는 2m 50cm
25는 2m 10cm

24

◆ 준비하기 ◆

재단 끝을 지그재그로 박는다(옆선).

1. 주머니를 만들어서 단다.(p.67 참조)

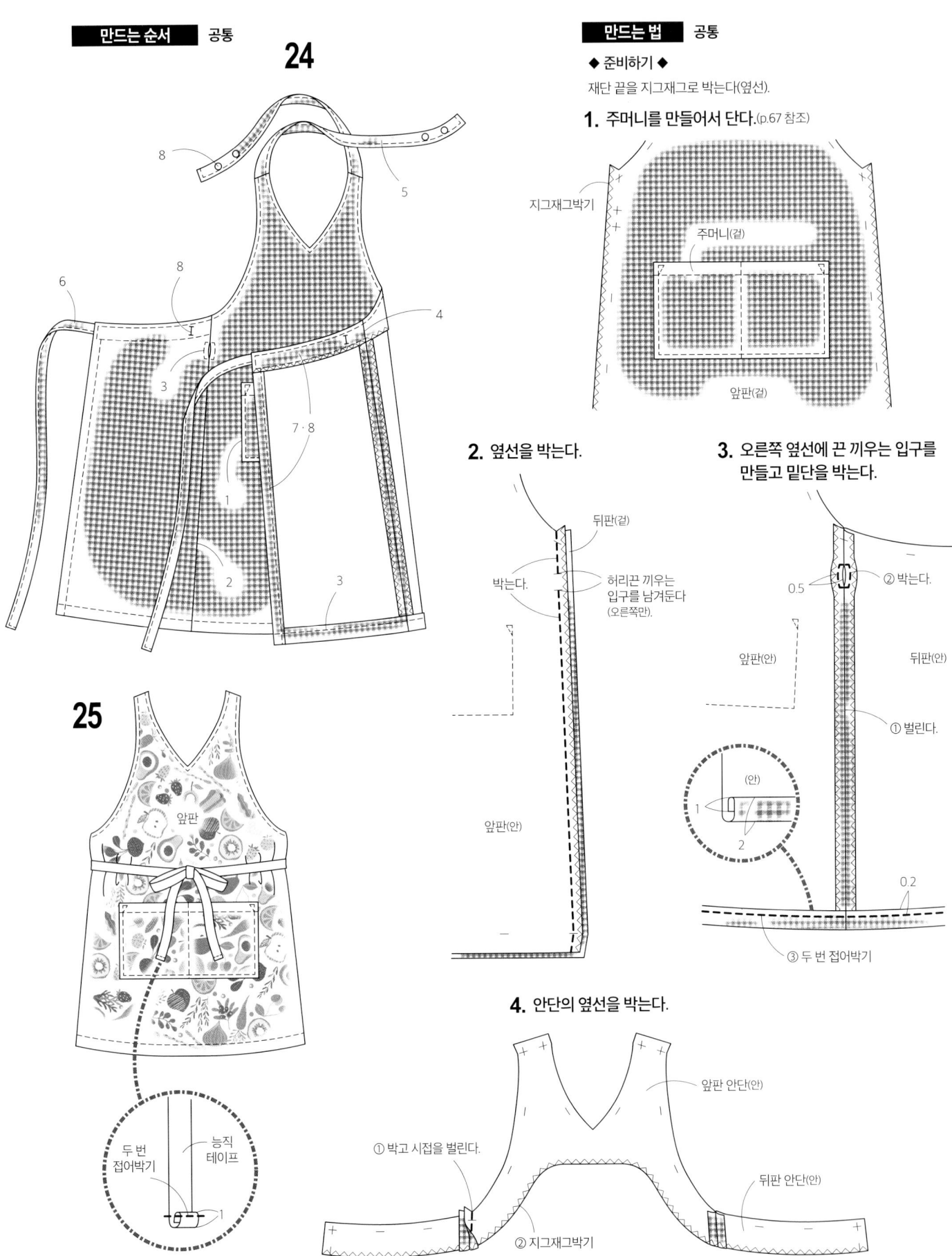

8
5
8
6
4
3
7·8
1
2
3

지그재그박기
주머니(겉)
앞판(겉)

25

앞판

두 번
접어박기
능직
테이프
1

2. 옆선을 박는다.

뒤판(겉)
박는다.
허리끈 끼우는
입구를 남겨둔다
(오른쪽만).
앞판(안)

3. 오른쪽 옆선에 끈 끼우는 입구를 만들고 밑단을 박는다.

② 박는다.
0.5
앞판(안)
뒤판(안)
① 벌린다.
(안)
1
2
0.2
③ 두 번 접어박기

4. 안단의 옆선을 박는다.

앞판 안단(안)
뒤판 안단(안)
① 박고 시접을 벌린다.
② 지그재그박기

62

5. 어깨끈을 만든다.

① 접는다.

어깨끈(안)

② 접는다.

끈 다는 쪽

① 반으로 접는다.

(겉)

0.2

② 박는다.

7. 어깨끈과 허리끈을 끼워서 안단을 단다.

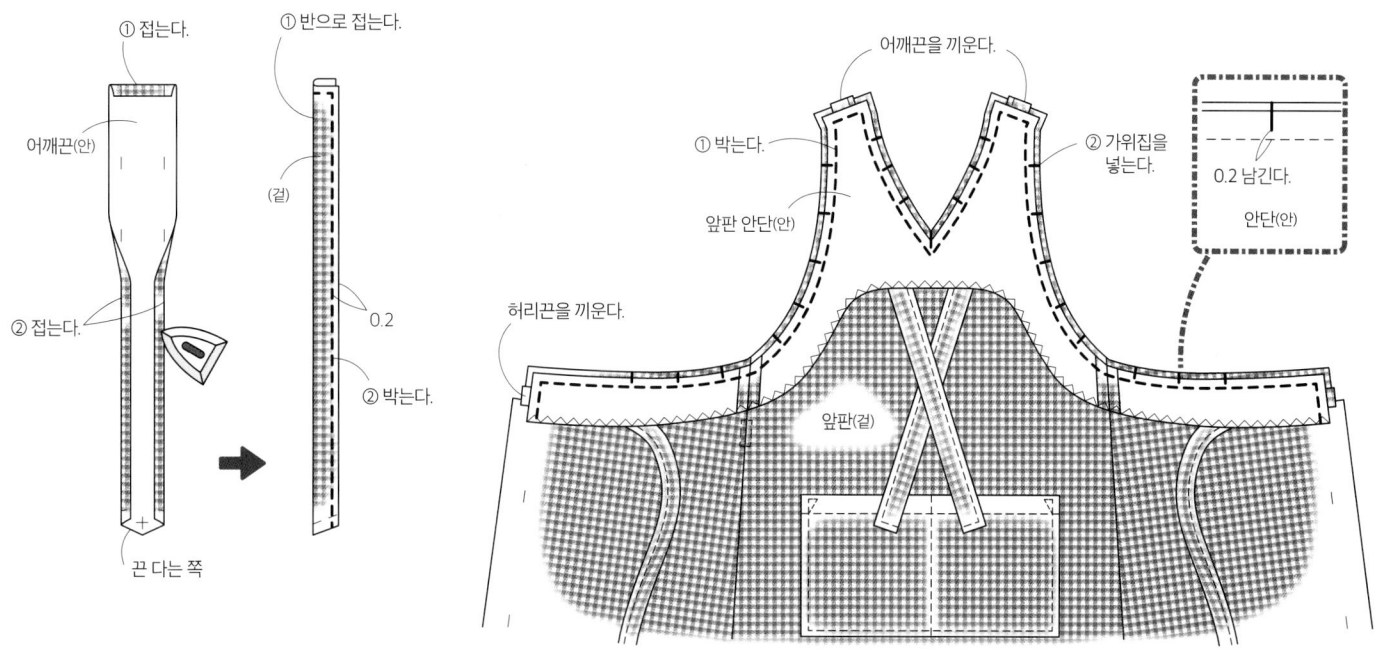

어깨끈을 끼운다.

① 박는다.

앞판 안단(안)

② 가위집을 넣는다.

0.2 남긴다.

안단(안)

허리끈을 끼운다.

앞판(겉)

6. 허리끈을 만든다.

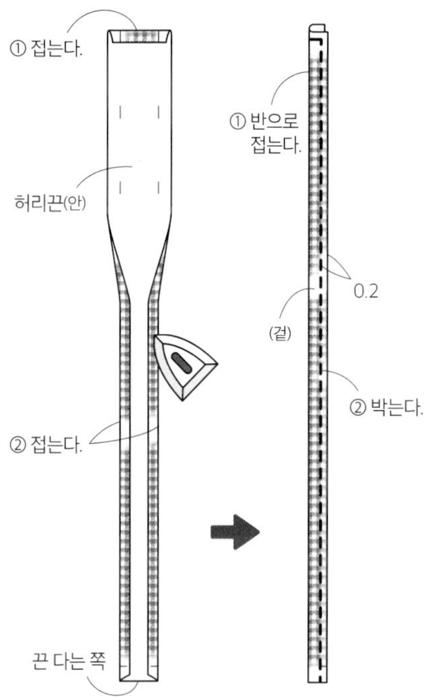

① 접는다.

허리끈(안)

② 접는다.

끈 다는 쪽

① 반으로 접는다.

(겉)

0.2

② 박는다.

1

1.5

(안)

8. 안단을 몸판 안쪽으로 뒤집고 뒤판 끝선을 박는다.
안단을 마감하고, 단춧구멍을 만들고 단추를 단다.

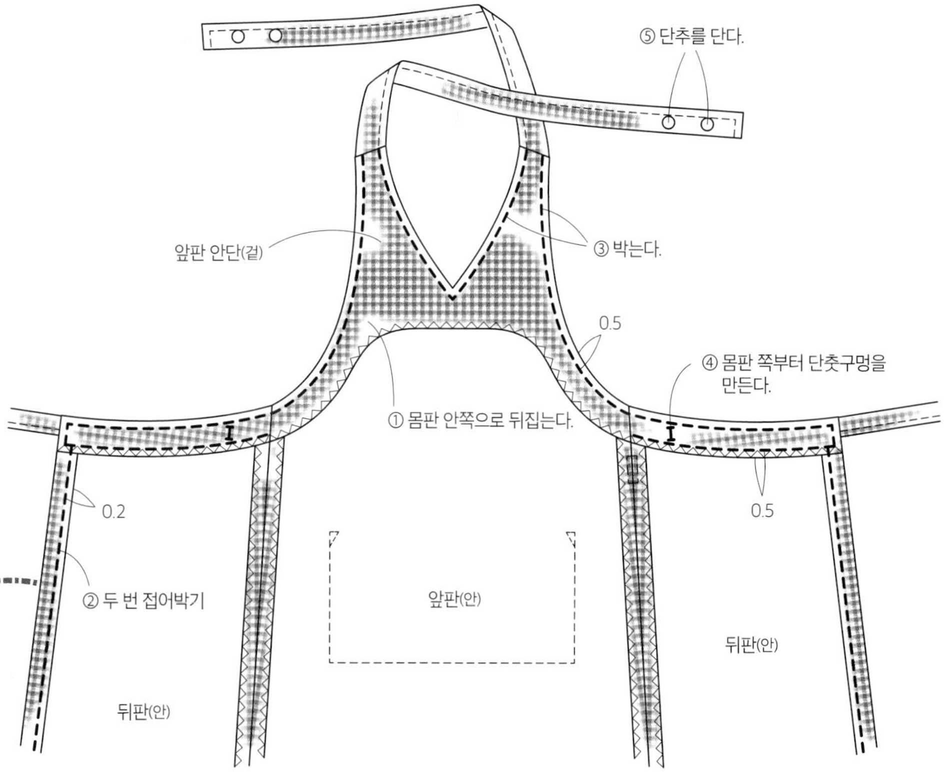

⑤ 단추를 단다.

앞판 안단(겉)

③ 박는다.

0.5

① 몸판 안쪽으로 뒤집는다.

④ 몸판 쪽부터 단춧구멍을 만든다.

0.5

0.2

② 두 번 접어박기

앞판(안)

뒤판(안)

뒤판(안)

완성

심플
앞치마 1

□ Feminine   □ Stylish   ☑ Simple

27

원피스처럼 어깨끈을 뒤에서 교차해 입는
디자인이라 착용감이 좋습니다.
가운데에 커다란 주머니도 있어서 편리해요.

제작: 시부사와 후사

BACK STYLE

28

만드는 법
p.81

27의 앞치마와 같은 원단으로 만든
주방장갑이에요.
손이 쏙 들어가므로 냄비 손잡이를
잡을 때 사용감이 좋아요.

제작: 시부사와 후사

29

부엉이 무늬로 발랄함을 더한 앞치마예요.
부엉이는 행복과 행운을 의미해서
매일 사용하는 앞치마 무늬로 좋아요.
뒤에 단추를 달아 고정했어요.

제작: 시부사와 후사

BACK STYLE

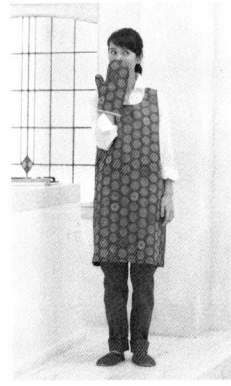

재료		사용량
옷감(리넨)	폭 110cm	2m 10cm
접은 바이어스 테이프	폭 12.7mm	2m 40cm

옷본

◆ 실물 크기 옷본: B면27·29를 사용합니다.

◆ 사용 부분: 27의 뒤판 / 29의 앞판

◆ 옷본 수정법

* 주머니를 제도하세요.

만드는 순서

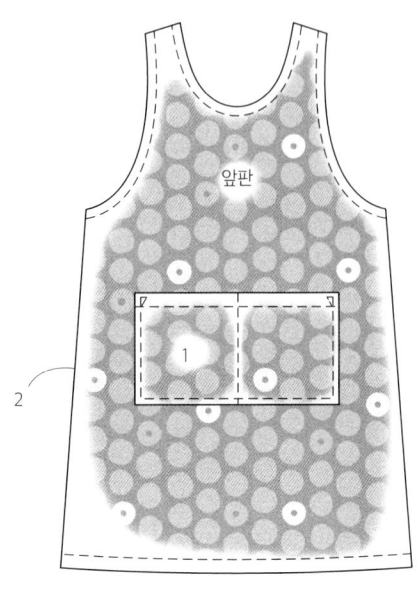

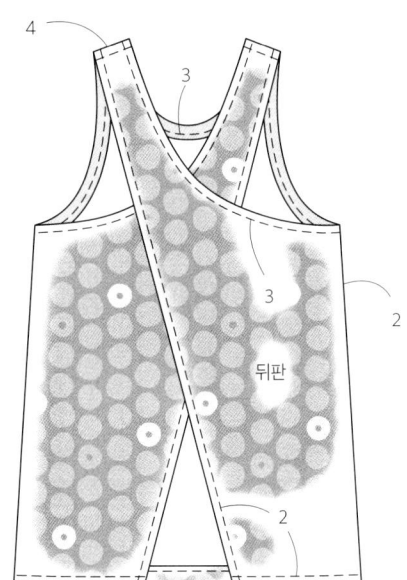

⬜ =옷본

(기본 옷본 제도는 p.68)

제도

● 6 ● 10 ●

바이어스 테이프

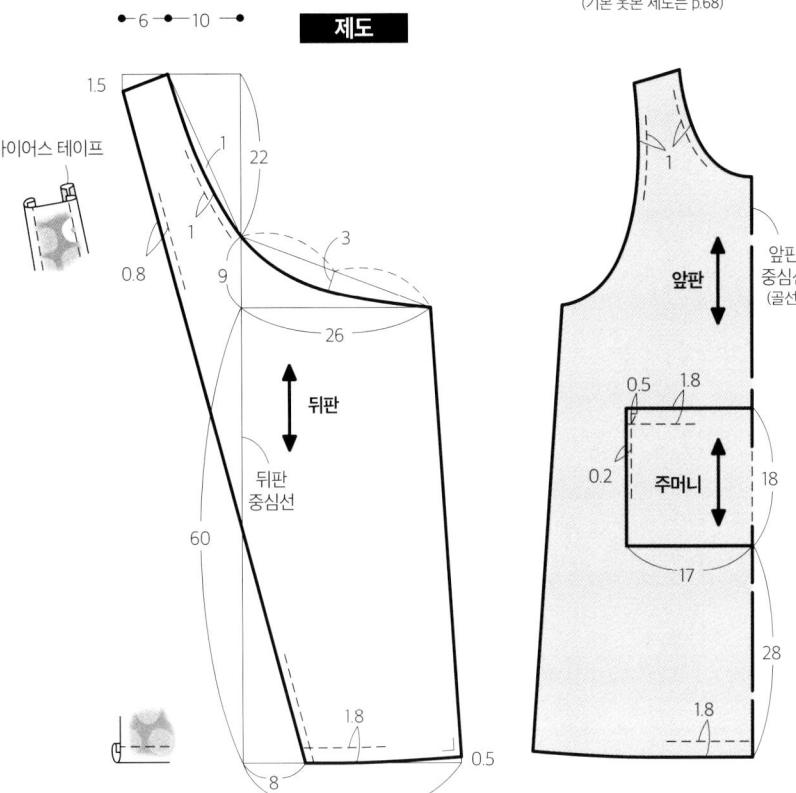

1.5
1
22
0.8
1
9
3
26
뒤판
뒤판 중심선
60
1.8
8
30
0.5

1
앞판
앞판 중심선 (골선)
0.5 1.8
0.2
주머니
18
17
28
1.8

옷감 마름질하는 법

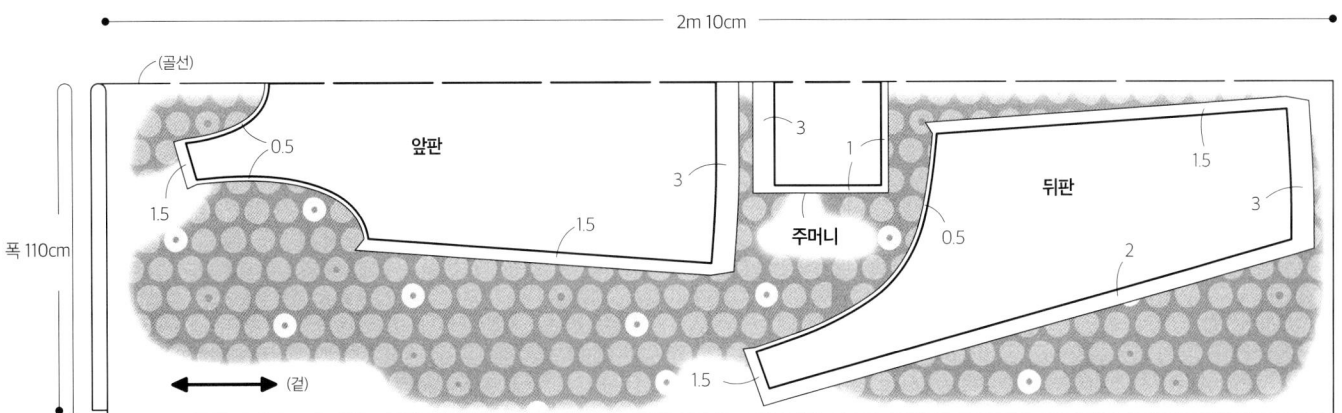

● 2m 10cm ●

(골선)
0.5
1.5
앞판
1.5
3
3
3
1
주머니
0.5
1.5
뒤판
2
3
폭 110cm
(겉)
1.5

재단 끝을 지그재그로 박는다(옆선).

1. 주머니를 만들어서 단다.

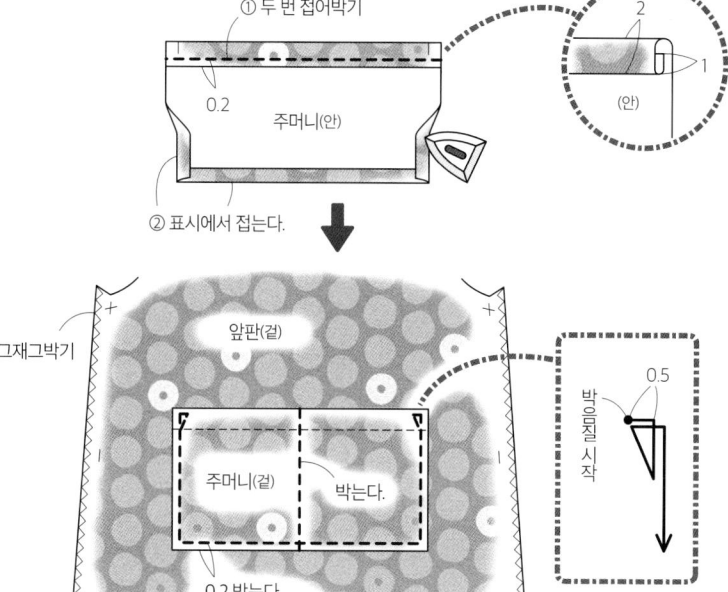

① 두 번 접어박기

0.2

주머니(안)

② 표시에서 접는다.

2
1
(안)

지그재그박기

앞판(겉)

주머니(겉)

박는다.

0.2 박는다.

박음질 시작
0.5

2. 옆선을 박고 밑단선과 뒤판 끝선을 박는다.

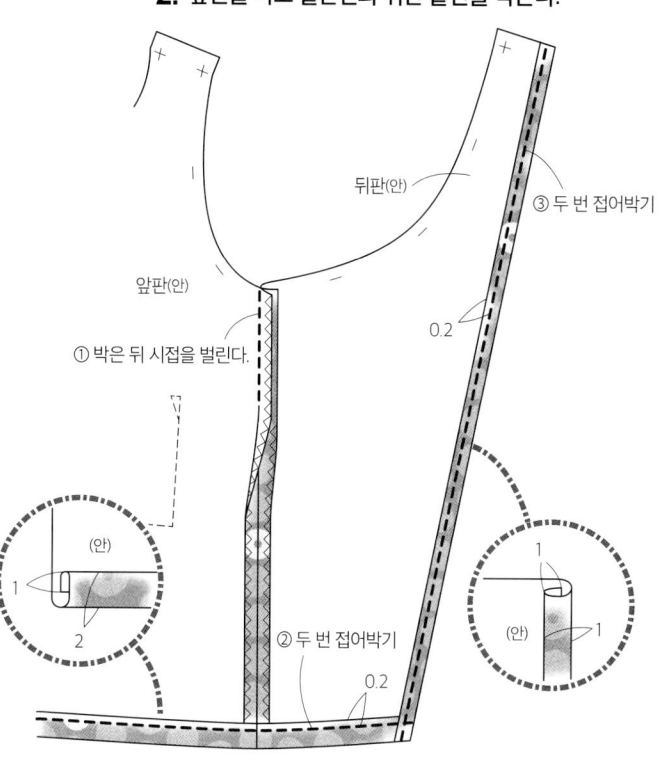

뒤판(안)

③ 두 번 접어박기

앞판(안)

0.2

① 박은 뒤 시접을 벌린다.

(안)
1
2

② 두 번 접어박기

0.2

1
(안)
1

3. 목둘레와 진동둘레를 박는다.

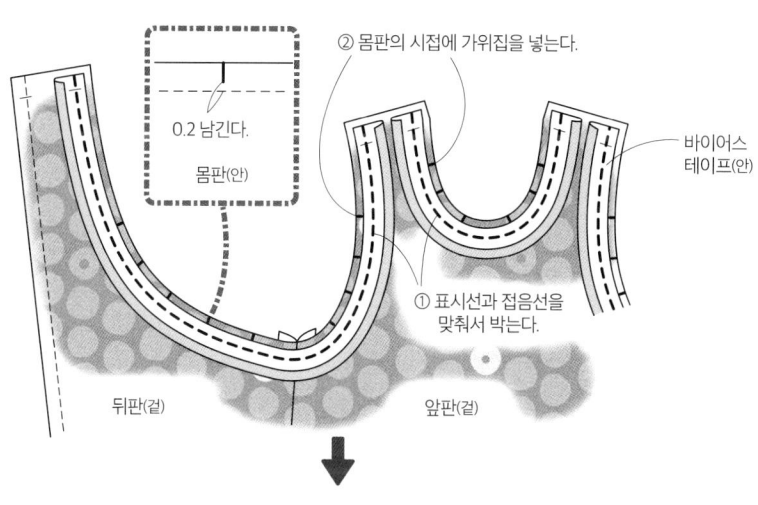

② 몸판의 시접에 가위집을 넣는다.

0.2 남긴다.

몸판(안)

바이어스 테이프(안)

① 표시선과 접음선을 맞춰서 박는다.

뒤판(겉)

앞판(겉)

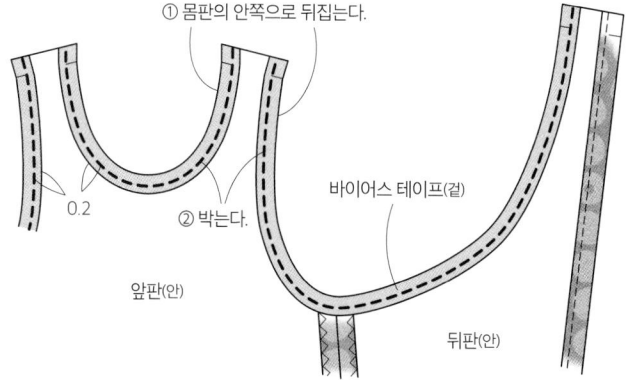

① 몸판의 안쪽으로 뒤집는다.

0.2

② 박는다.

바이어스 테이프(겉)

앞판(안)

뒤판(안)

4. 어깨선을 박는다.

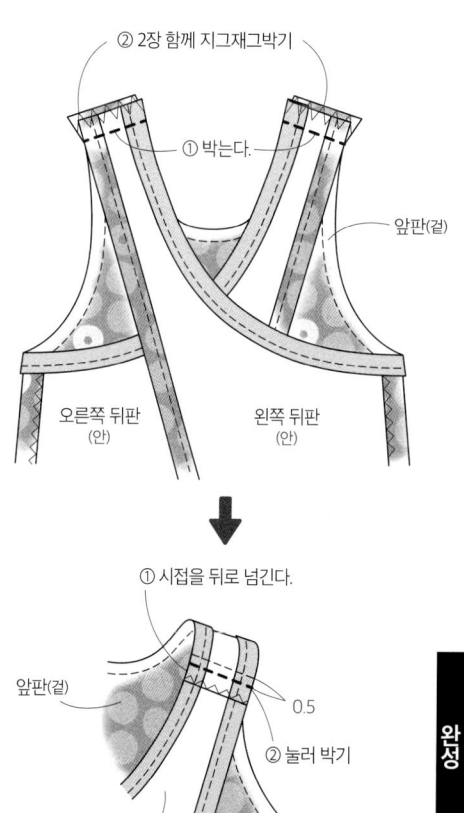

② 2장 함께 지그재그박기

① 박는다.

앞판(겉)

오른쪽 뒤판(안)

왼쪽 뒤판(안)

① 시접을 뒤로 넘긴다.

앞판(겉)

0.5

② 눌러 박기

뒤판(안)

완성

재료		사용량
옷감(면마 프린트)	폭 110cm	2m 10cm
단추	지름 20mm	1개
접은 바이어스 테이프	폭 12.7mm	2m 40cm

옷본

◆ **실물 크기 옷본**: B면29를 사용합니다.

◆ **사용 부분**: 앞판 / 뒤판 / 주머니 / 안단

만드는 순서

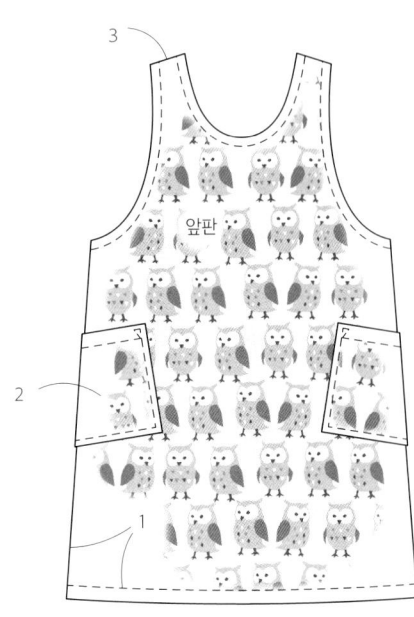

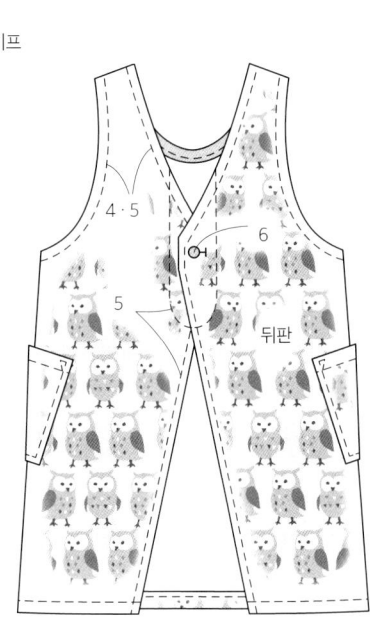

0.5 1.8

0.2 **주머니** 18

17

제도

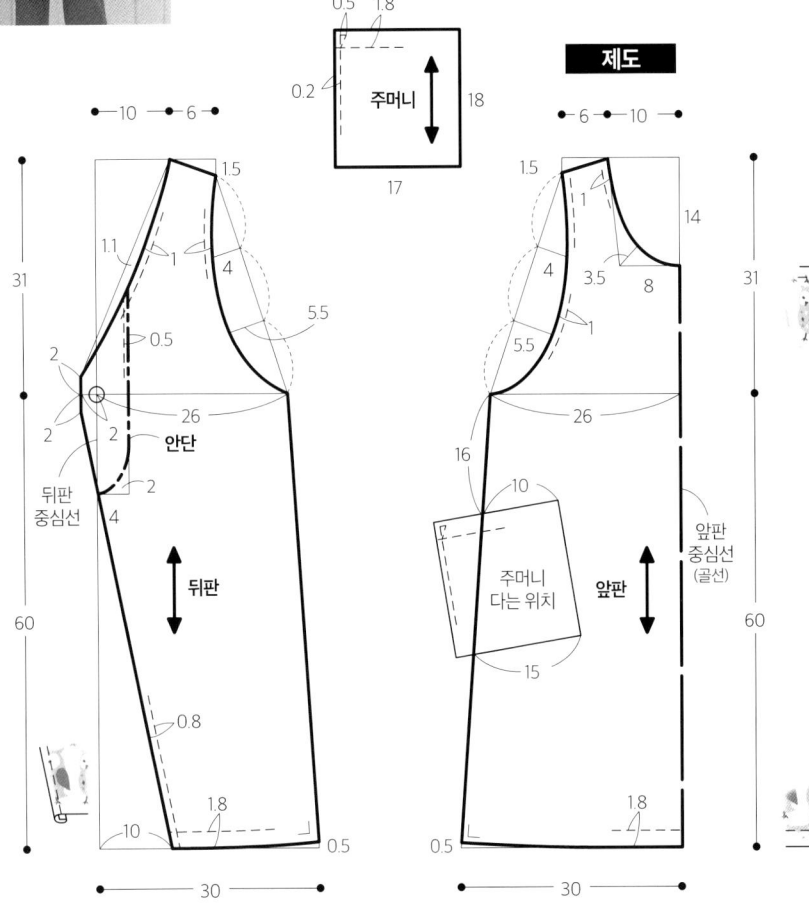

바이어스 테이프

옷감 마름질하는 법

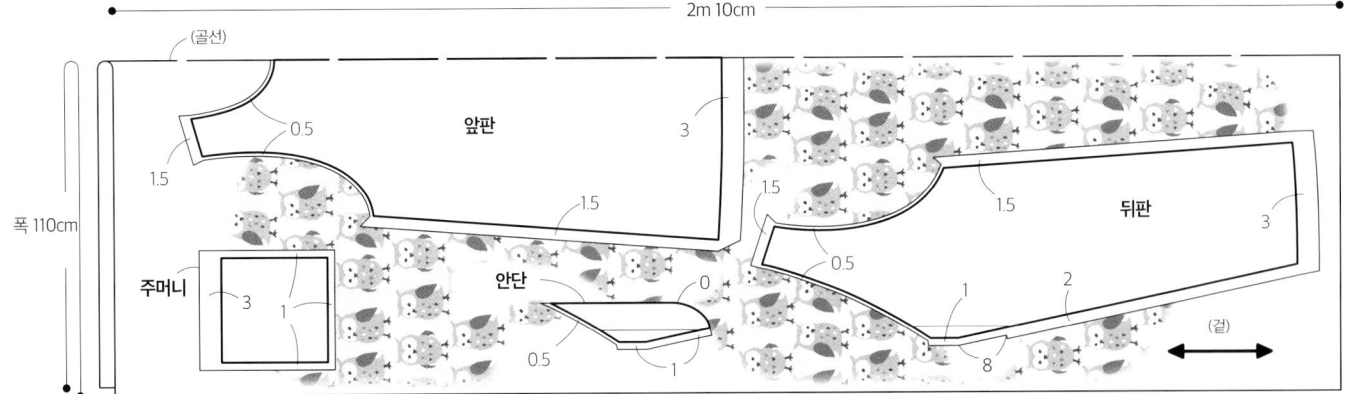

만드는 법 ◆ 준비하기 ◆

재단 끝을 지그재그로 박는다(옆선, 어깨선, 안단).

1. 옆선을 박은 뒤 밑단선을 박는다.

2. 주머니를 만들어서 단다.

3. 어깨선을 박는다.

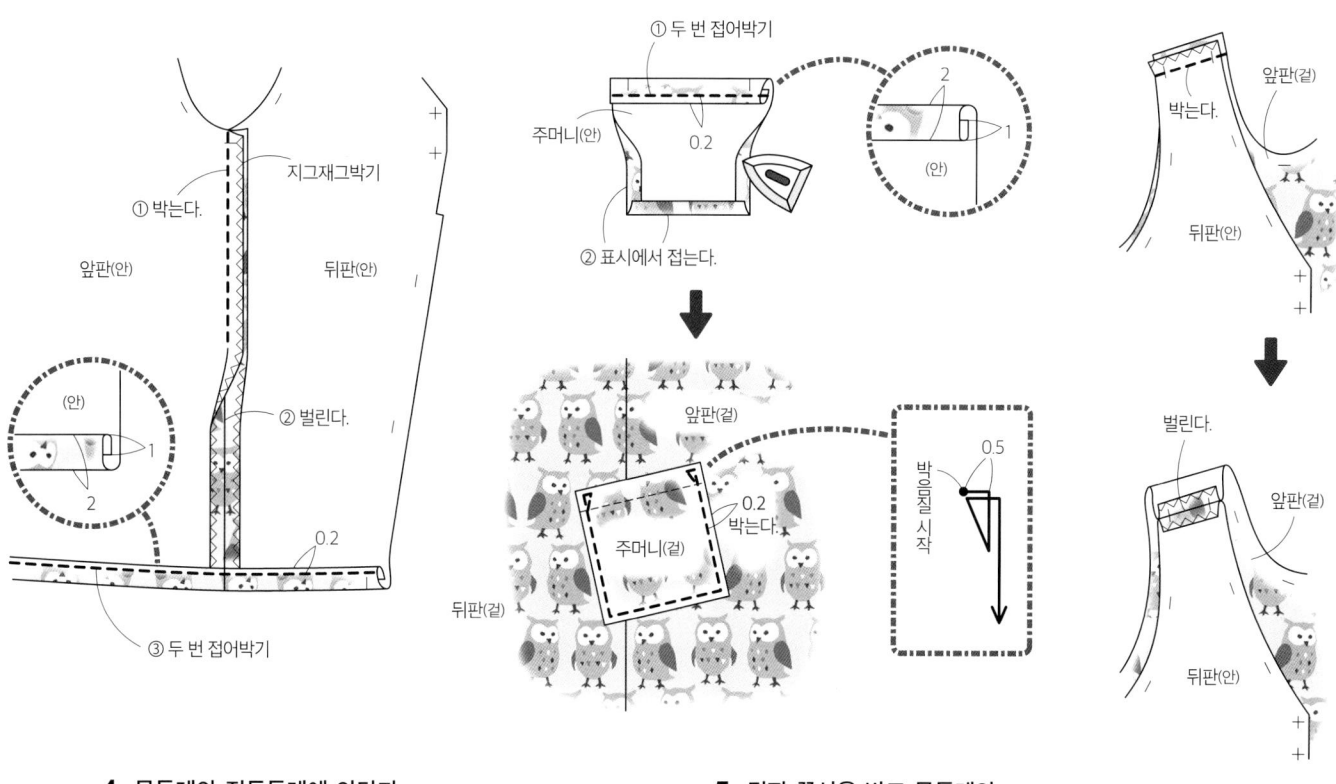

4. 목둘레와 진동둘레에 안단과 바이어스 테이프를 단다.

5. 뒤판 끝선을 박고 목둘레와 진동둘레를 마감한다.

6. 오른쪽 뒤판에 단추를 단다.

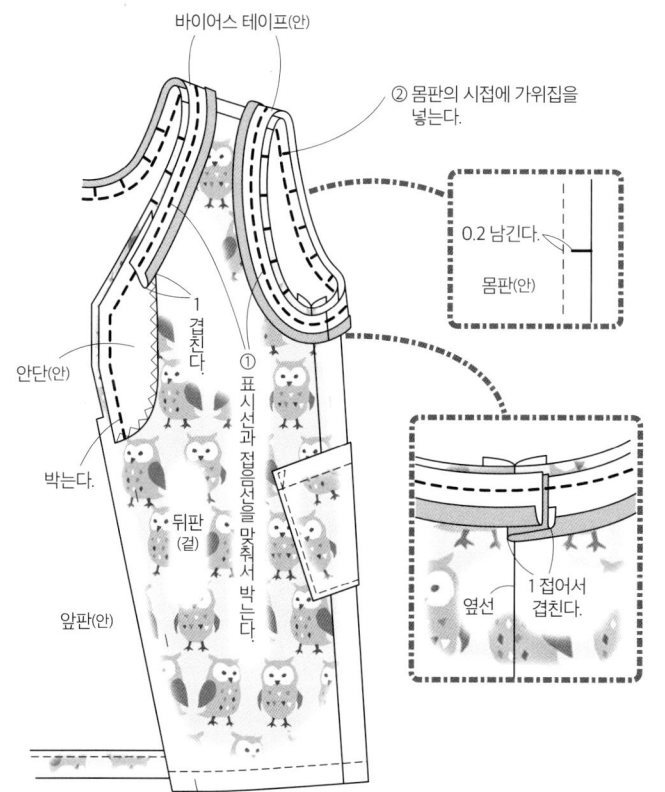

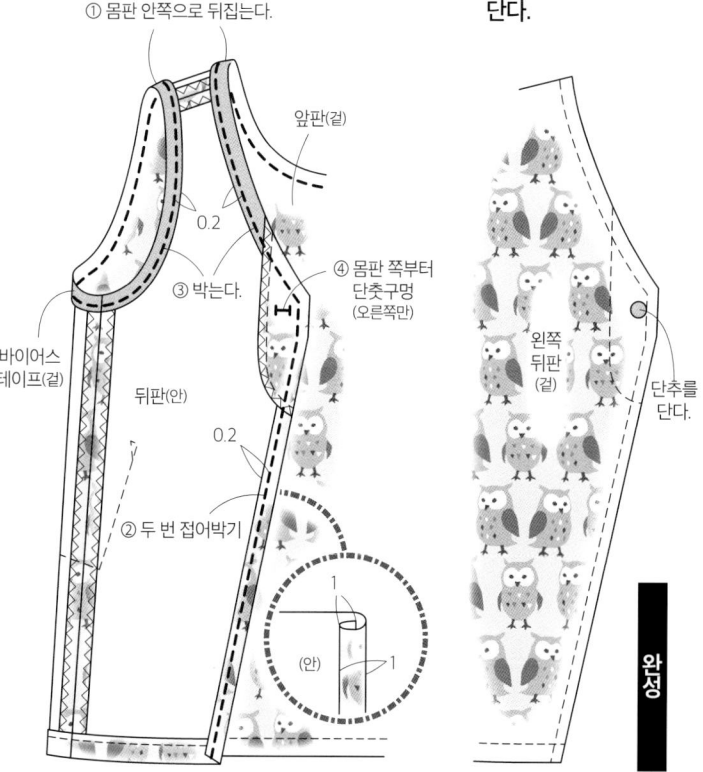

완성

69

 Handmade Apron

심플
앞치마 2

□ Feminine □ Stylish ☑ Simple

30

마린룩을 연상시키는 네이비와
흰색 줄무늬의 면마혼방 소재로 만들었어요.
심플하고 간편한 전형적인 디자인입니다.

제작: 요시다 미카코

31

30보다 길이를 길게 한 디자인입니다.
빨간색과 흰색의 큼직한 깅엄체크가
활기를 더해줍니다.
뒤쪽이 H 모양으로 되어 있어서
어깨끈이 흘러내리지 않아요.

제작: 요시다 미카코

BACK STYLE

30

재료		사용량
30 옷감(면마혼방)	폭 110cm	1m 30cm
31 옷감(코튼)	폭 150cm	1m 30cm
단추	지름 20mm	1개
접은 바이어스 테이프	폭 12.7mm	80cm

옷본

◆ **실물 크기 옷본**: B면30·31을 사용합니다.

◆ **사용 부분**: 몸판·주머니/ 어깨끈 / 고정천 / 앞판 안단 / 뒤판 안단

* 어깨끈, 고정천의 실물 크기 옷본은 '골선'으로 펼쳐져 있습니다.

31

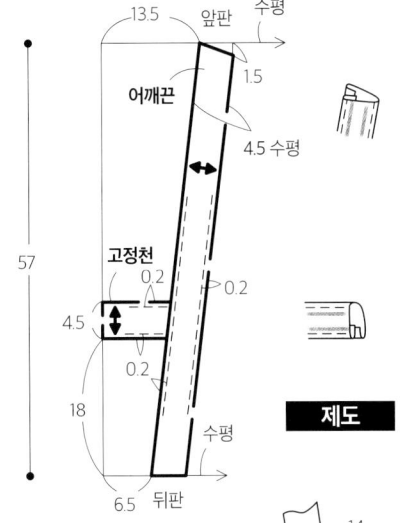

제도

30 옷감 마름질하는 법

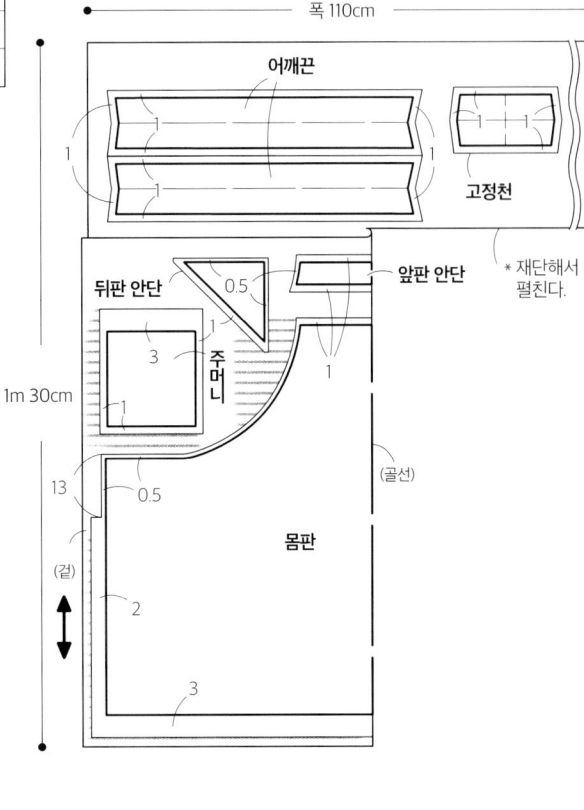

31 옷감 마름질하는 법

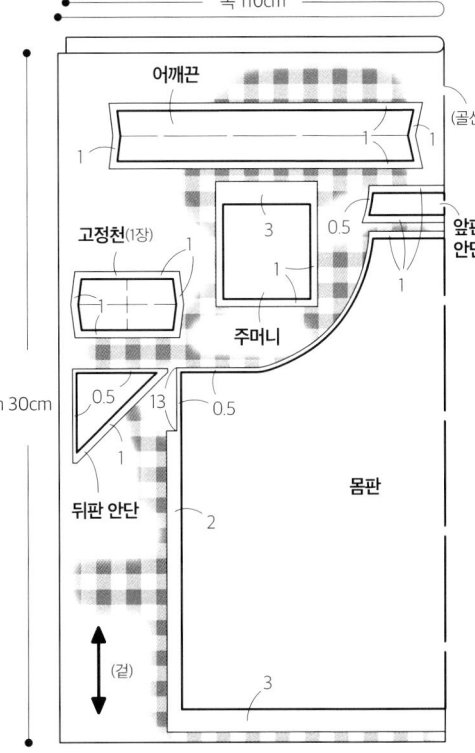

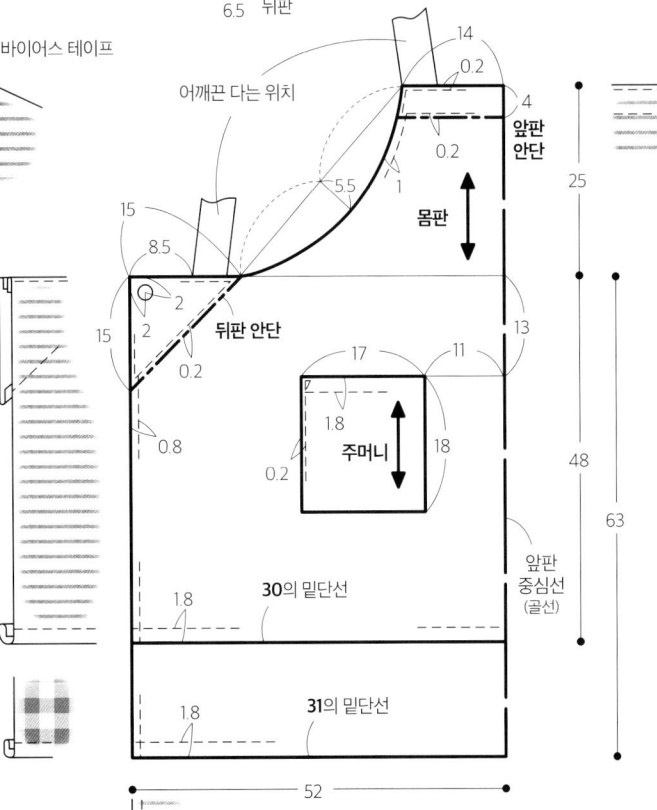

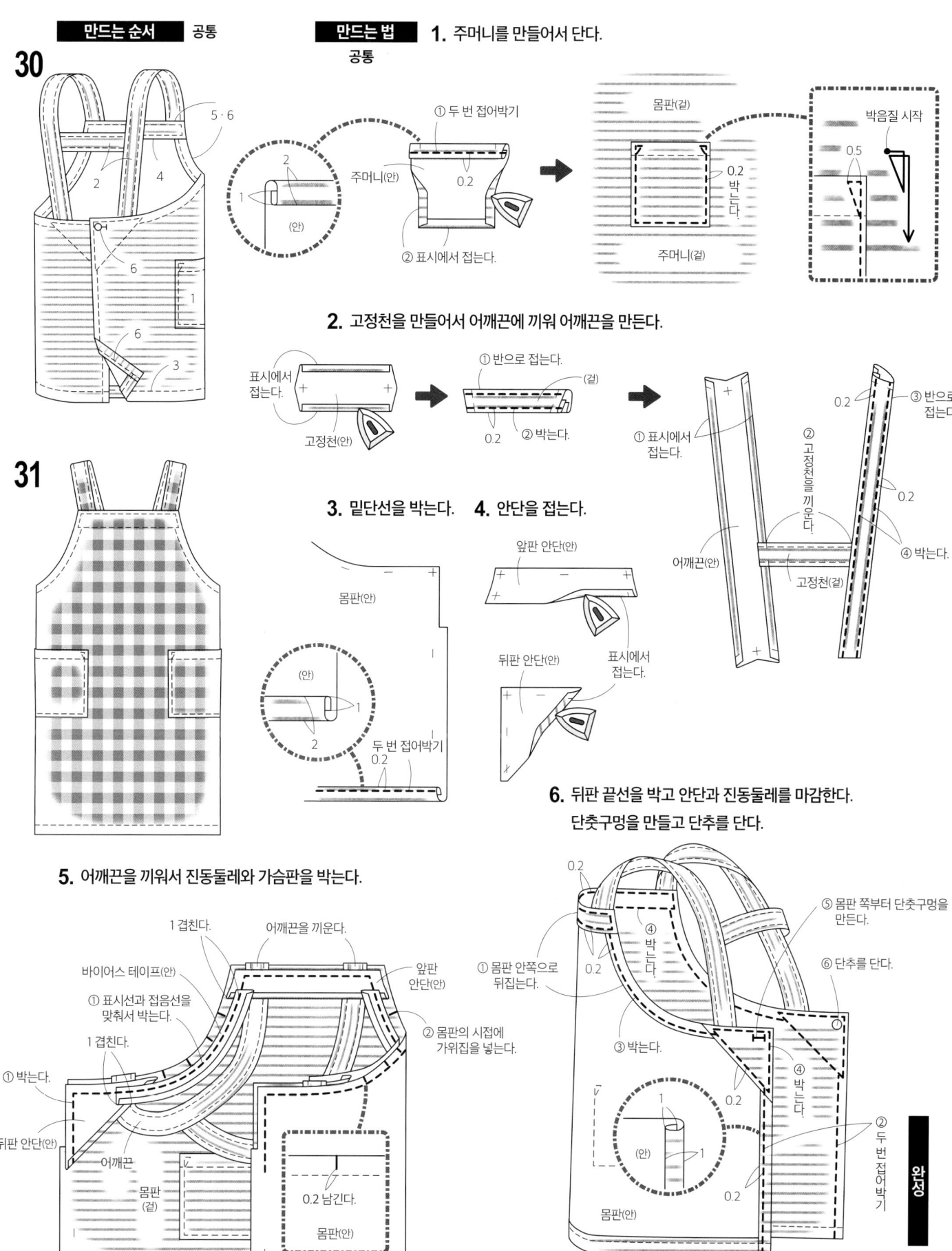

만드는 순서 공통

30

만드는 법
공통

1. 주머니를 만들어서 단다.

① 두 번 접어박기

주머니(안)

0.2

② 표시에서 접는다.

몸판(겉)

박음질 시작

0.5

0.2 박는다.

주머니(겉)

31

2. 고정천을 만들어서 어깨끈에 끼워 어깨끈을 만든다.

표시에서 접는다.

고정천(안)

① 반으로 접는다.

(겉)

0.2

② 박는다.

① 표시에서 접는다.

② 고정천을 끼운다.

0.2

③ 반으로 접는다.

어깨끈(안)

고정천(겉)

0.2

④ 박는다.

3. 밑단선을 박는다.

몸판(안)

(안)

1

2

두 번 접어박기
0.2

4. 안단을 접는다.

앞판 안단(안)

+ − +

뒤판 안단(안)

+ − +

표시에서 접는다.

**6. 뒤판 끝선을 박고 안단과 진동둘레를 마감한다.
단춧구멍을 만들고 단추를 단다.**

5. 어깨끈을 끼워서 진동둘레와 가슴판을 박는다.

1 겹친다.

어깨끈을 끼운다.

바이어스 테이프(안)

① 표시선과 접음선을 맞춰서 박는다.

1 겹친다.

① 박는다.

앞판 안단(안)

② 몸판의 시접에 가위집을 넣는다.

뒤판 안단(안)

어깨끈

몸판(겉)

0.2 남긴다.

몸판(안)

0.2

④ 박는다.

0.2

⑤ 몸판 쪽부터 단춧구멍을 만든다.

① 몸판 안쪽으로 뒤집는다.

⑥ 단추를 단다.

③ 박는다.

(안)

1

1

0.2

④ 박는다.

② 두 번 접어박기

몸판(안)

0.2

완성

73

바리스타
앞치마

☐ Feminine ☑ Stylish ☐ Simple

32

카페 직원이 사용할 것 같은 앞치마예요.
튼튼하고 두꺼운 코튼으로 만들어주세요.
밑단의 양옆에 트임이 있어 활동이 편해요.

제작: 시부사와 후사

BACK STYLE

33

오버스커트와 같은 앞치마예요.
양끝에 단 끈은 기분에 따라
앞으로 묶을 수도, 뒤로 묶을 수도 있습니다.
소재는 튼튼한 히코리를 사용했습니다.

제작: 시부사와 후사

뒤로 묶으면 깔끔하게 연출할 수 있어요

BACK STYLE

재료		사용량
옷감(면 드릴 크로스)	폭 108cm	1m 70cm

옷본

* 이 작품은 실물 크기 옷본이 실려 있지 않으므로 종이에 제도하거나 옷감에 직접 그려서 마름질하세요.

만드는 법

1. 주머니를 만들어서 단다.

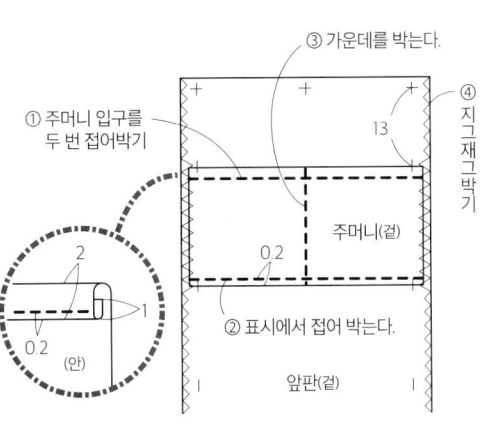

③ 가운데를 박는다.
① 주머니 입구를 두 번 접어박기
④ 지그재그박기
13
2
1
0.2
0.2 (안)
주머니(겉)
② 표시에서 접어 박는다.
앞판(겉)

2. 뒤판 끝선을 박는다.

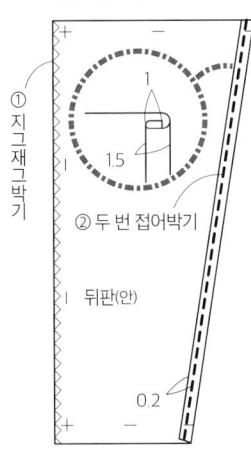

① 지그재그박기
1
1.5
② 두 번 접어박기
뒤판(안)
0.2

3. 절체선을 박는다.

앞판(안)
뒤판(겉)
박는다.
박음질 끝
20

① 시접을 벌린다.
1
1
② 박는다.
뒤판(겉)
앞판(겉)

4. 밑단선을 박는다.

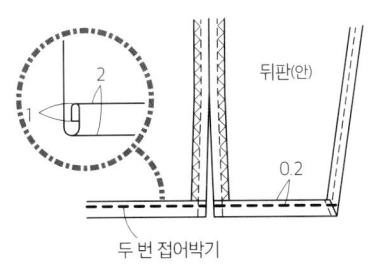

2
1
뒤판(안)
0.2
두 번 접어박기

5. 허리끈을 만든다.(p.36 참조)

6. 허리끈을 끼워서 허릿단을 단다.
(p.36 참조)

완성

만드는 순서

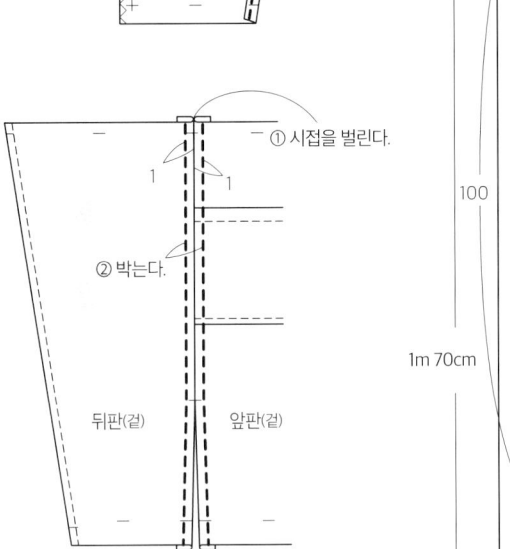

6
3
1
5
2
4

옷감 마름질하는 법

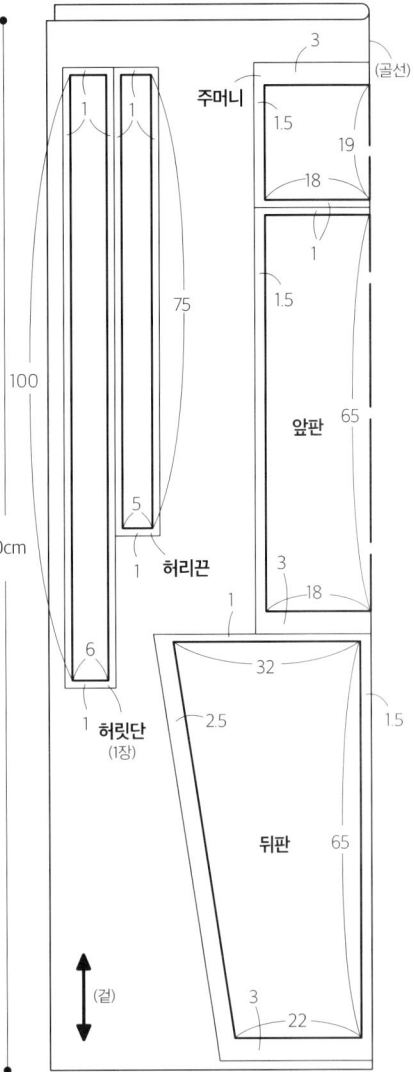

폭 108cm
3
(골선)
주머니
1.5
19
18
1
1.5
75
앞판
65
5
1
허리끈
3
18
1
6
1
허릿단
(1장)
32
2.5
1.5
뒤판
65
3
22
100
1m 70cm
(겉)

재료		사용량
옷감(면 히코리 스트라이프)	폭 110cm	1m
능직 테이프	폭 20mm	1m 10cm
스냅 단추	지름 7mm	2쌍

옷본

* 이 작품은 실물 크기 옷본이 실려 있지 않으므로 종이에 제도하거나
 옷감에 직접 그려서 마름질하세요.

옷감 마름질하는 법

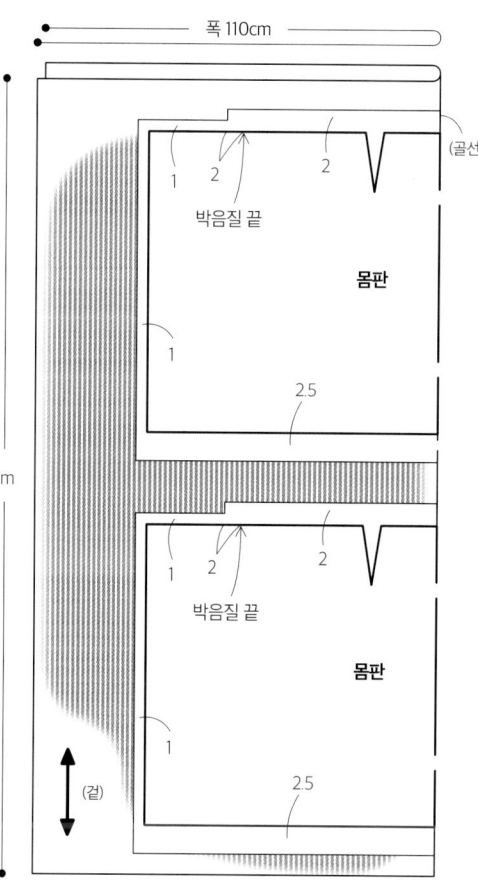

제도

허리끈(능직 테이프)

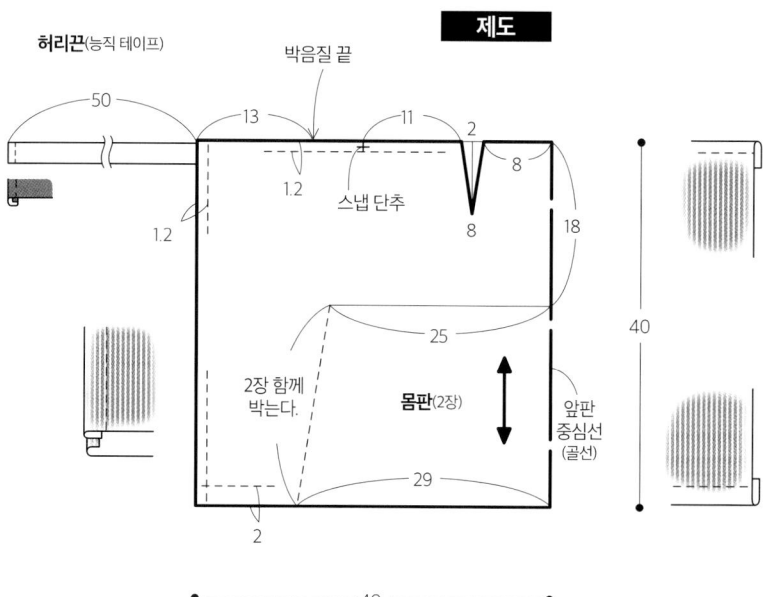

만드는 순서

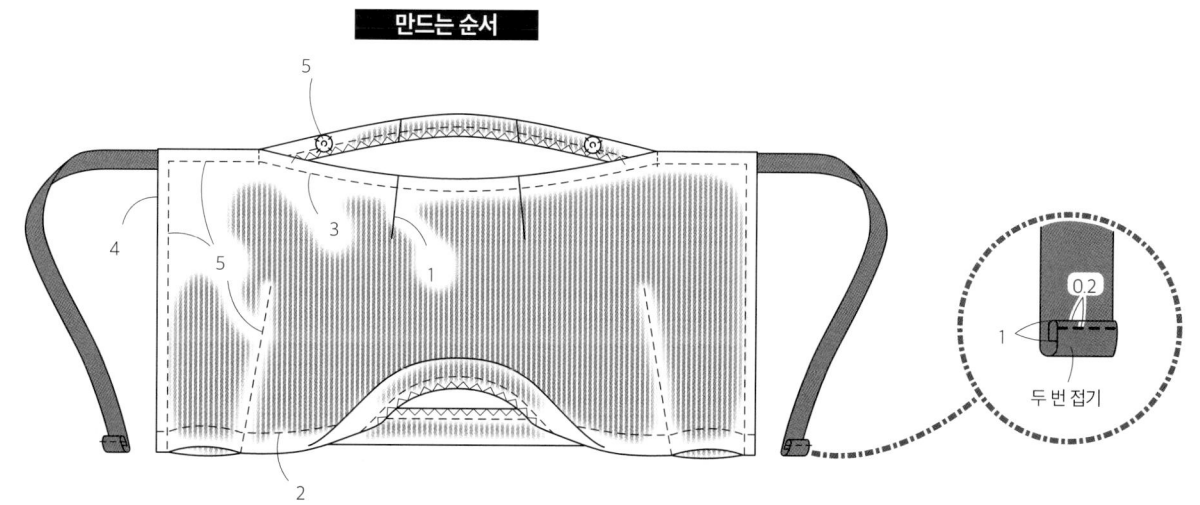

두 번 접기

만드는 법 ◆ 준비하기 ◆

재단 끝을 지그재그로 박는다(허리선, 밑단선).

1. 다트를 박는다.

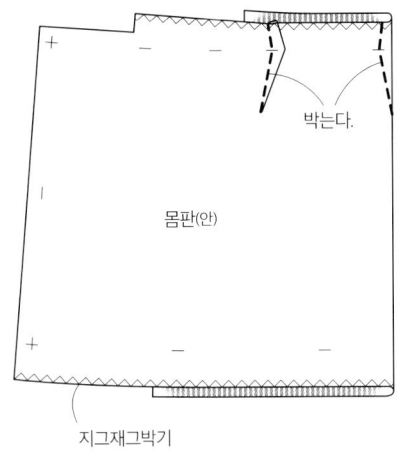

박는다.

몸판(안)

지그재그박기

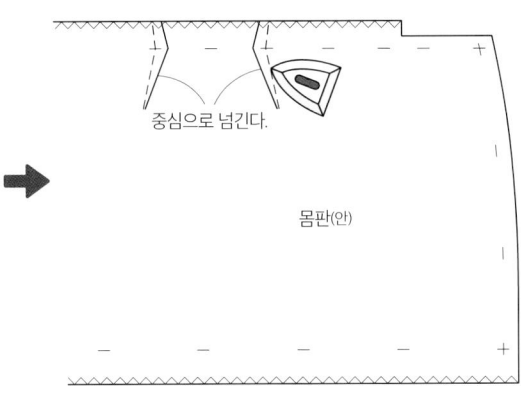

중심으로 넘긴다.

몸판(안)

2. 밑단선을 박는다.

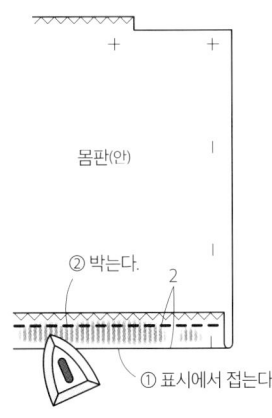

몸판(안)

② 박는다.

2

① 표시에서 접는다.

3. 허리선을 박는다.

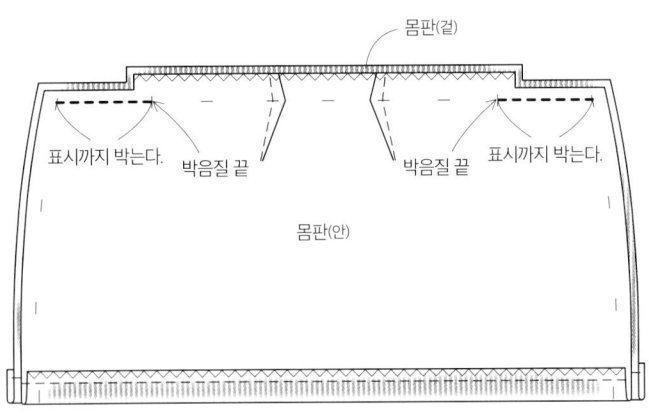

몸판(겉)

표시까지 박는다.

박음질 끝

박음질 끝

표시까지 박는다.

몸판(안)

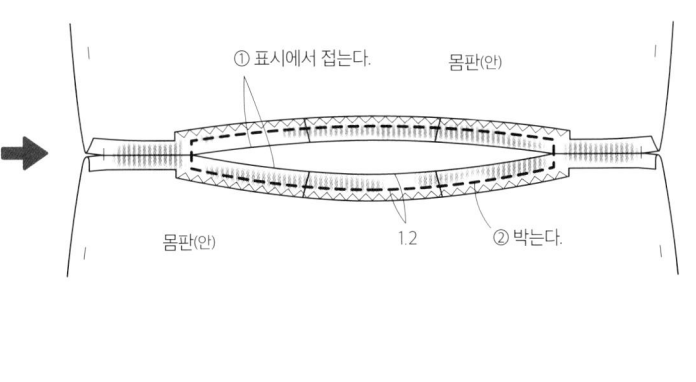

① 표시에서 접는다.

몸판(안)

몸판(안)

1.2

② 박는다.

4. 허리끈을 끼워서 옆선을 박는다.

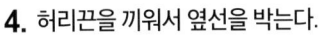

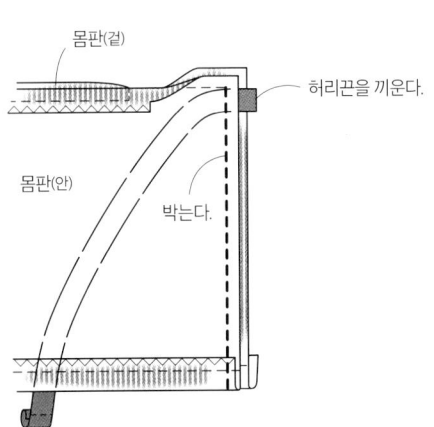

몸판(겉)

허리끈을 끼운다.

몸판(안)

박는다.

5. 겉으로 뒤집은 뒤 2장을 박아 고정한다.
허리선에 스냅 단추를 단다.

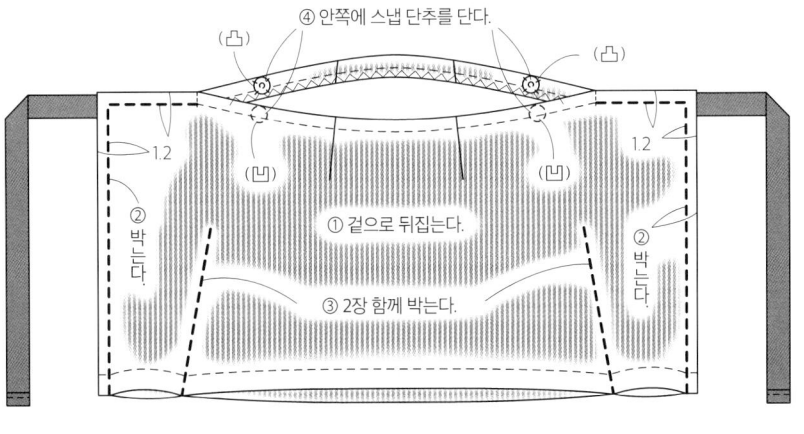

④ 안쪽에 스냅 단추를 단다.

(凸)

(凸)

1.2

(凹)

(凹)

1.2

②
박
는
다.

① 겉으로 뒤집는다.

③ 2장 함께 박는다.

②
박
는
다.

완성

78

5 (p.15)　　18 (p.44)

재료(1개 분량)		사용량
5·18 옷감(코튼)	폭 55cm	30cm
5 배색감(코튼)	폭 10cm	10cm
고무 테이프	폭 10mm	15cm

◆ 이들 작품은 직선 부분이므로 옷감의 뒷면에 직접 그려서 마름질하세요.

5 (p.15)　18 (p.44)

5·18 옷감 마름질하는 법

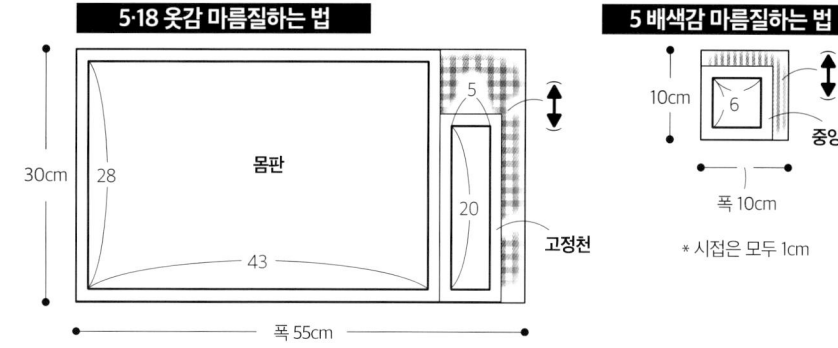

몸판
30cm
28
43
폭 55cm
5
20
고정천

5 배색감 마름질하는 법

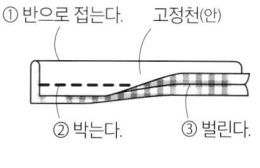

10cm
6
중앙천
폭 10cm

* 시접은 모두 1cm

만드는 법

1. 몸판을 만든다.

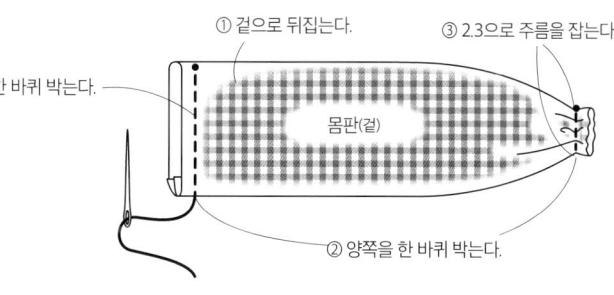

① 반으로 접는다.
몸판(안)
② 박는다.

① 겉으로 뒤집는다.
한 바퀴 박는다.
몸판(겉)
③ 2.3으로 주름을 잡는다.
② 양쪽을 한 바퀴 박는다.

2. 고정천을 만든다.

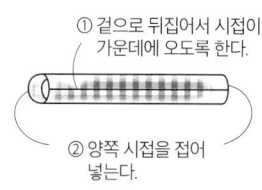

① 반으로 접는다.　고정천(안)
② 박는다.　③ 벌린다.

① 겉으로 뒤집어서 시접이 가운데에 오도록 한다.
② 양쪽 시접을 접어 넣는다.

3. 몸판에 고무 테이프를 통과시킨다.

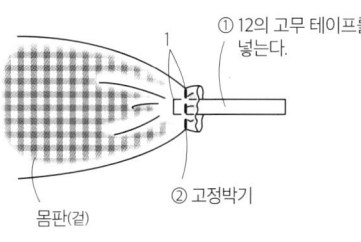

① 12의 고무 테이프를 넣는다.
1
② 고정박기
몸판(겉)

4. 고정천과 몸판을 잇는다.

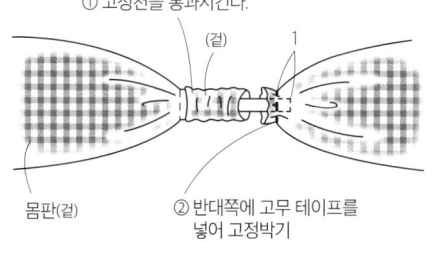

① 고정천을 통과시킨다.
(겉)
1
몸판(겉)
② 반대쪽에 고무 테이프를 넣어 고정박기

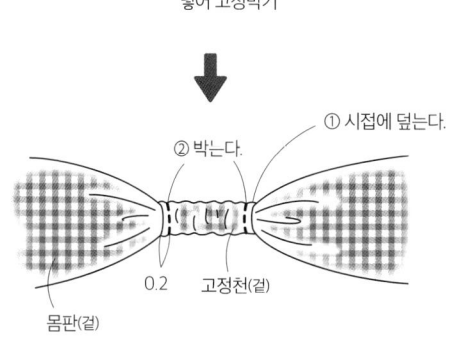

① 시접에 덮다.
② 박는다.
0.2　고정천(겉)
몸판(겉)

5. 중앙천을 만든다.(5만)

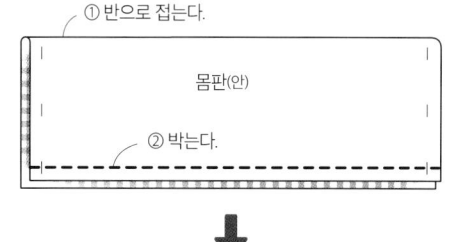

① 반으로 접는다.
② 박는다.
(안)　벌린다.
중앙천(안)
겉으로 뒤집어서 시접이 가운데에 오도록 한다.

6. 중앙천을 단다.(5만)

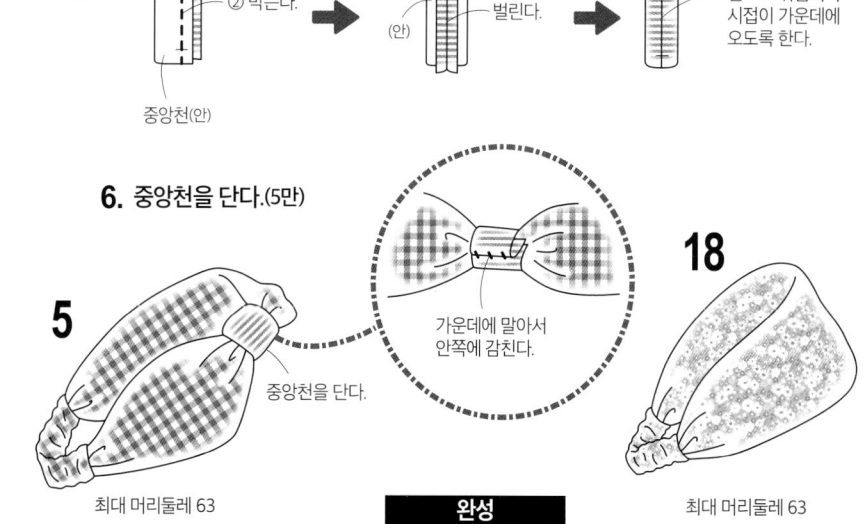

5
중앙천을 단다.
가운데에 말아서 안쪽에 감친다.

완성

최대 머리둘레 63

18
최대 머리둘레 63

재료		사용량
옷감(면마혼방)	폭 110cm	40cm
둥근 끈	굵기 4mm	1m 40cm

◆ 이들 작품은 직선 부분이므로 옷감의 뒷면 직접 그려서 마름질하세요.

◆ 무늬를 맞출 필요가 없는 옷감을 사용하는 경우에는 55cm 폭 40cm로 만들 수 있습니다.

만드는 법

1. 옆선과 바닥을 박는다.

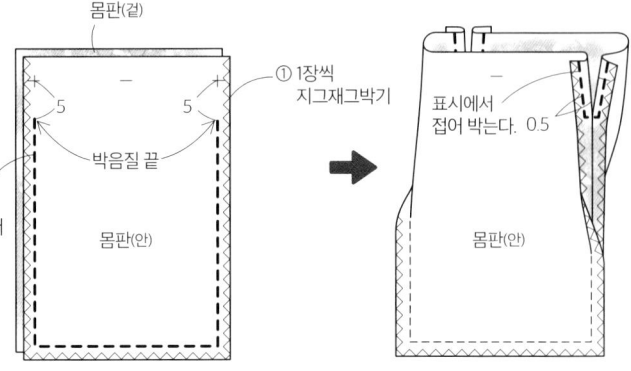

몸판(겉)
① 1장씩 지그재그박기
5   5
박음질 끝
② 2장 합쳐서 박는다.
몸판(안)

표시에서 접어 박는다. 0.5
몸판(안)

옷감 마름질하는 법

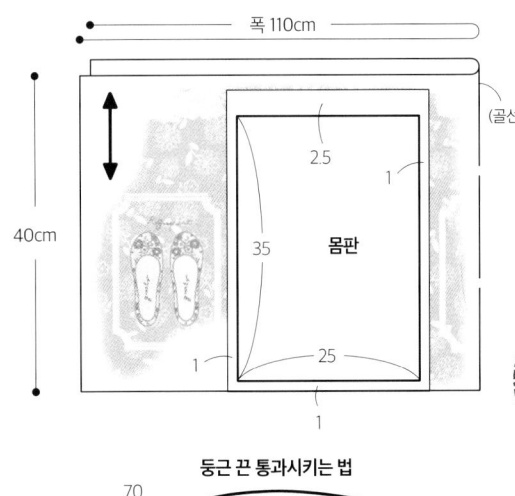

폭 110cm
(골선)
2.5   1
40cm
35   몸판
1   25
1

둥근 끈 통과시키는 법

70   70

2. 입구를 박고 둥근 끈을 통과시킨다.

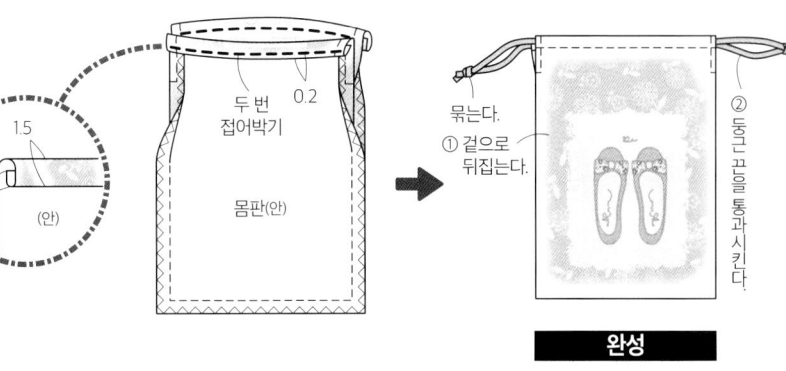

두 번 접어박기   0.2
1.5
1
(안)
몸판(안)

묶는다.
① 겉으로 뒤집는다.
② 둥근 끈을 통과시킨다.

완성

재료		사용량
옷감(면마혼방·무지)	폭 40cm	25cm
배색감(면마혼방·무늬)	폭 25cm	35cm
접착 퀼트심	굵폭 40cm	25cm

◆ 이들 작품은 직선 부분이므로 옷감의 뒷면 직접 그려서 마름질하세요.

옷감 마름질하는 법

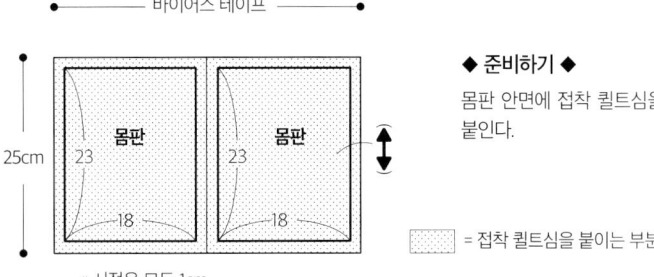

바이어스 테이프
25cm
몸판   몸판
23   23
18   18

* 시접은 모두 1cm

◆ **준비하기** ◆
몸판 안면에 접착 퀼트심을 붙인다.

▨ = 접착 퀼트심을 붙이는 부분

배색감 마름질하는 법

폭 25cm
겉감
35cm
1
32
4
18   0   16   천 고리
1

만드는 법

◆ 천 고리 만드는 법은 p.81 참조

천 고리
표시의 가장자리를 박는다.
몸판(겉)
반으로 접는다.
겉감(겉)   접착 퀼트심

몸판(겉)
창구멍을 7 남긴다.
몸판(안)
접착 퀼트심
겉감(겉)

완성

② 감친다.   ③ 0.5 박는다
몸판(겉)
① 겉으로 뒤집는다.

재료		사용량
옷감(리넨·무늬)	폭 50cm	30cm
배색감(코튼·줄무늬)	폭 80cm	30cm
접착 퀼트심	폭 50cm	30cm

◆ **실물 크기 옷본**: B면28을 사용합니다.

◆ **사용 부분**: 몸판

* 바인딩감, 천 고리는 직선 부분이므로 옷감에 직접 그려서
마름질하세요.

옷감 마름질하는 법

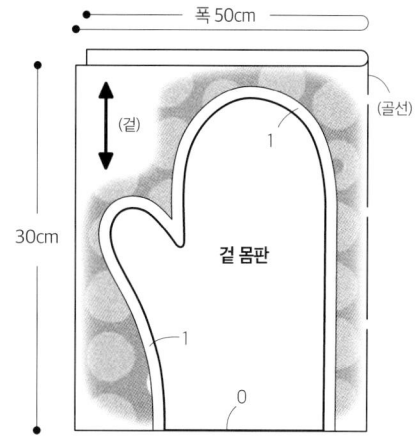

폭 50cm

(겉)

(골선)

30cm

겉 몸판

1

1

0

만드는 법

1. 천 고리를 만든다.

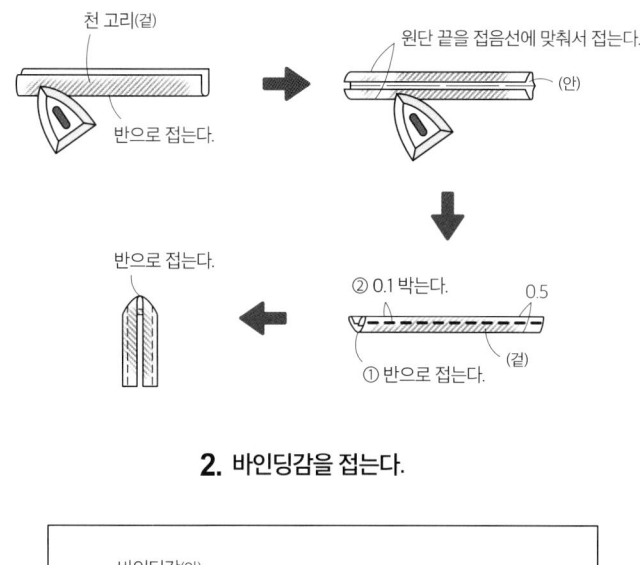

천 고리(겉)

반으로 접는다.

원단 끝을 접음선에 맞춰서 접는다.

(안)

반으로 접는다.

② 0.1 박는다.

0.5

① 반으로 접는다.

(겉)

2. 바인딩감을 접는다.

바인딩감(안)

1 접는다.

배색감 마름질하는 법

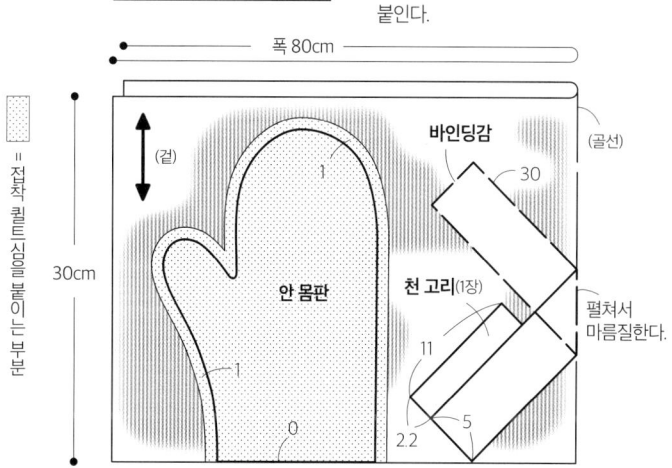

폭 80cm

(겉)

바인딩감

(골선)

30

30cm

안 몸판

천 고리(1장)

펼쳐서
마름질한다.

1

1

11

0

2.2

5

= 접착 퀼트심을 붙이는 부분

◆ **준비하기** ◆

안 몸판의 안면에 접착 퀼트심을
붙인다.

3. 겉 몸판과 안 몸판을 겹쳐서 4장 함께 박는다.

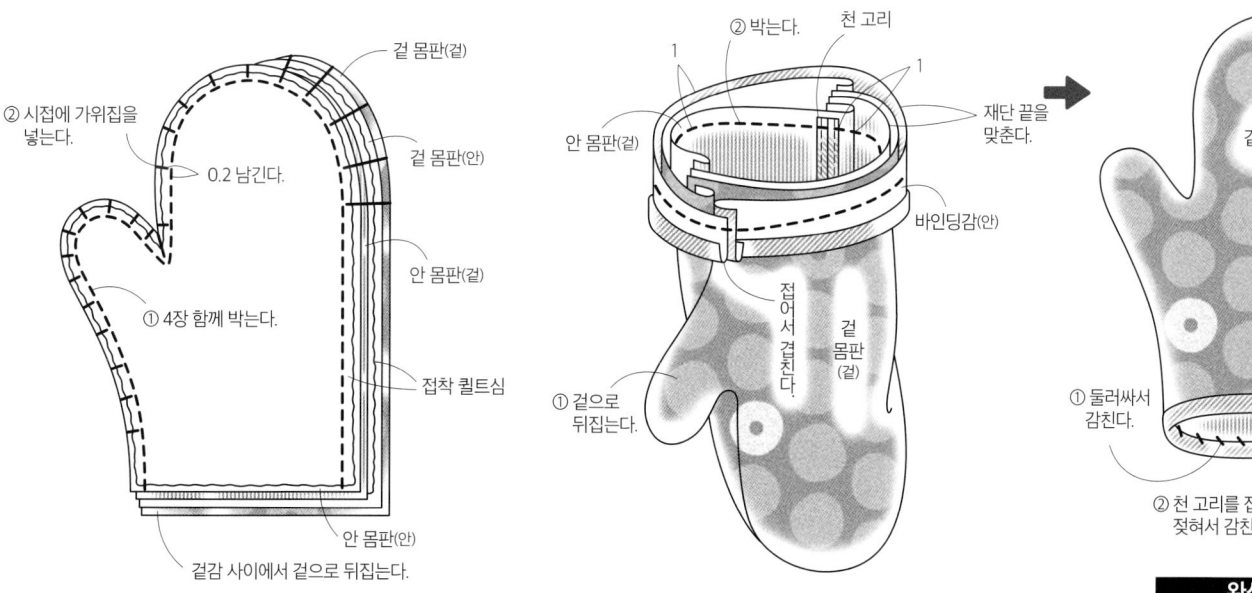

겉 몸판(겉)

② 시접에 가위집을
넣는다.

0.2 남긴다.

겉 몸판(안)

안 몸판(겉)

① 4장 함께 박는다.

접착 퀼트심

안 몸판(안)

겉감 사이에서 겉으로 뒤집는다.

4. 겉으로 뒤집은 뒤 입구를 바인딩한다.

② 박는다.

천 고리

1

1

안 몸판(겉)

재단 끝을
맞춘다.

바인딩감(안)

① 겉으로
뒤집는다.

접어서 겹친다.

겉 몸판(겉)

겉 몸판(겉)

① 둘러싸서
감친다.

② 천 고리를 접어
젖혀서 감친다.

완성

바느질 기초 & 부분 바느질

일반적인 바느질의 기초와 이 책에서 자주 쓰이는 부분 바느질을 소개합니다.

* 사진의 숫자 단위는 cm

박음질

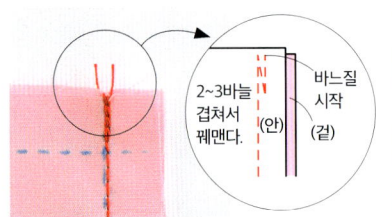

2~3바늘 겹쳐서 꿰맨다.

(안) (겉) 바느질 시작

박음질의 시작과 끝은 바늘땀이 풀리지 않도록 같은 점선 위를 2~3바늘 겹쳐서 박습니다.

모서리를 깔끔하게 박는 팁

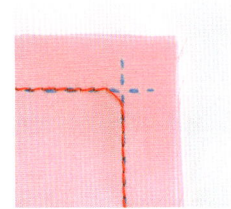

모서리의 한 땀을 건너뛰고 바느질하면 뒤집었을 때 모서리가 깔끔합니다.

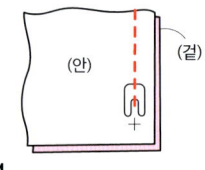

(안) (겉)

1 모서리의 한 땀 전에 바늘을 꽂은 상태에서 노루발을 올린다.

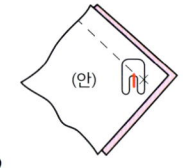

(안)

2 원단을 회전시켜 노루발을 내리고, 사선으로 한 땀 박는다. 바늘을 꽂은 상태에서 노루발을 올린다.

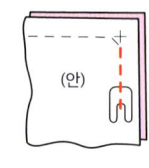

(안)

3 원단을 회전시켜서 박는다.

두 번 접어박기

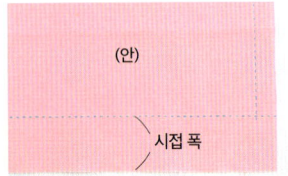

(안)

시접 폭

1 표시선을 그은 뒤 안면을 위로 하여 놓는다.

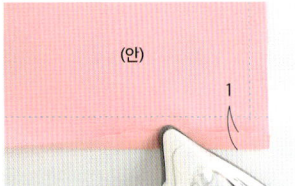

(안)

1

2 재단 끝을 1cm 접는다(접는 폭은 만드는 법 페이지 참조).

(안)

3 표시 위치를 접고 다린다.

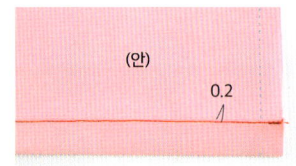

(안)

0.2

4 시접 끝을 박는다.

주름 잡는 법

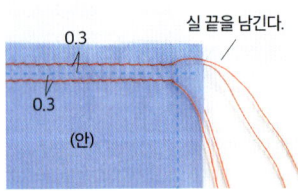

0.3
0.3
실 끝을 남긴다.
(안)

1 표시선을 사이에 두고 재봉틀의 가장 큰 땀으로 성기게 2줄 박는다. 되박음질은 하지 않고 실 끝을 남겨둔다.

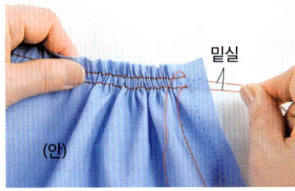

밑실
(안)

2 밑실 2줄을 함께 당겨서 주름을 잡는다.

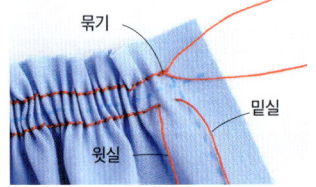

묶기
밑실
윗실

3 주름이 풀리지 않도록 윗실을 잡아당겨 밑실을 끌어내어 묶어서 고정한다.

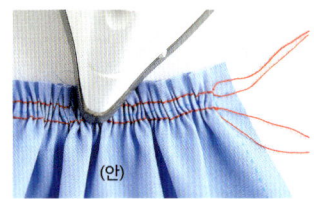

(안)

4 시접을 다려서 주름을 눌러준다. 표시선보다 아래에 박은 실은 마지막에 빼낸다.

바이어스감/바인딩감 잇는 법

* 테두리를 두른 천도 벗겨냅니다.

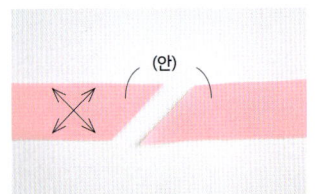

(안)

1 서로 이을 천 가장자리를 45도로 자른다(식서 방향이나 푸서 방향으로 자른다).

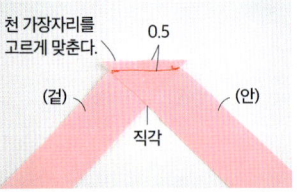

천 가장자리를 고르게 맞춘다.
0.5
(겉) (안)
직각

2 겉끼리 직각으로 맞대고 박는다.

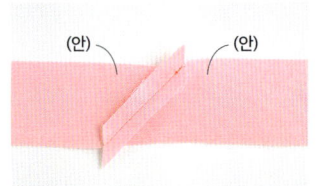

(안) (안)

3 시접을 벌리고 다린다.

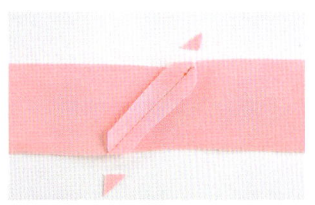

4 튀어나온 부분을 자른다.

바이어스감 만드는 법 (양쪽이 접힌 모양)

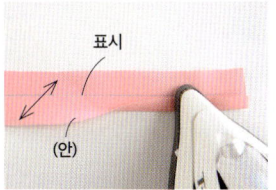

1 가운데에 연하게 선을 긋는다. 천 한쪽 가장자리를 이 선에 맞춰서 접고 다려준다.

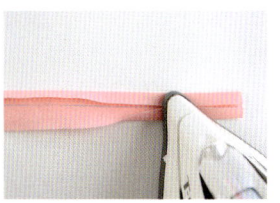

2 반대쪽 가장자리도 선에 맞춰서 접고 다린다.

바이어스 테이프 메이커를 사용하면 쉽게 만들 수 있다.

바이어스감 둥글리는 법

1 미리 바깥 곡선 쪽을 손으로 당겨서 늘려준다.

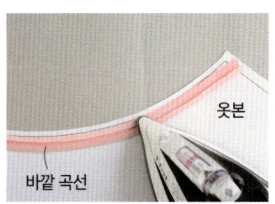

2 옷본 곡선을 따라서 다려준다.

바인딩감 만드는 법

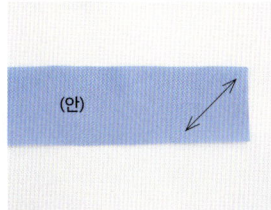

1 바인딩감(바이어스 재단)을 마름질한다.

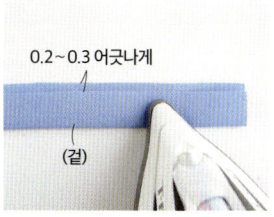

2 가장자리를 조금 어긋나게 하여 반으로 접고 다리미로 다려서 접음선을 낸다.

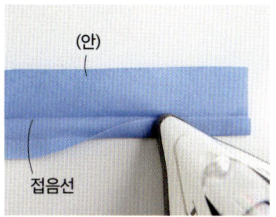

3 한쪽 가장자리를 접음선에서 0.1cm 떨어뜨려 접은 뒤 다린다.

4 반대쪽 가장자리도 접음선에서 0.1cm 떨어뜨려 접은 뒤 다린다.

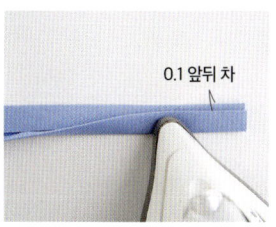

5 2의 접음선을 다시 접는다.

바이어스감으로 처리하는 법

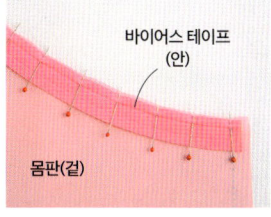

1 바이어스 테이프의 안쪽 곡선 쪽을 펴서 몸판의 표시선과 접음선을 겉끼리 맞대고 시침핀으로 고정한다.

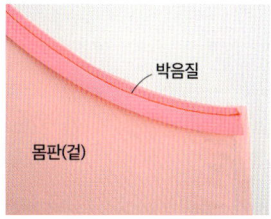

2 바이어스감의 접음선 위를 박는다.

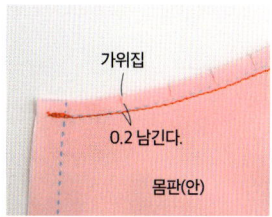

3 몸판 시접에만 곡선 위치에 가위집을 넣는다.

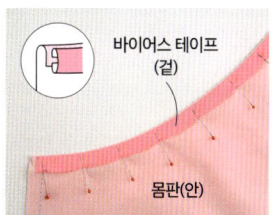

4 바이어스 테이프를 솔기에서 몸판 안쪽으로 접어서 넘기고 시침핀으로 고정한다.

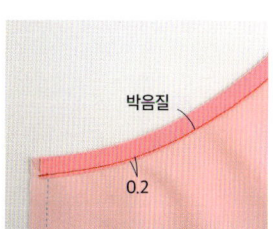

5 바이어스 테이프의 가장자리를 박는다.

바인딩 처리하는 법

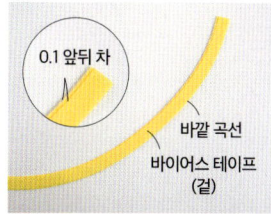

1 바인딩용 바이어스 테이프를 4겹으로 접은 상태에서 구부린다.

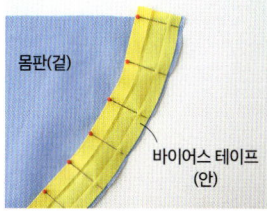

2 바이어스 테이프의 폭이 좁은 쪽을 펴고, 펴준 가장자리와 몸판 가장자리를 겉끼리 맞대고 시침핀으로 고정한다.

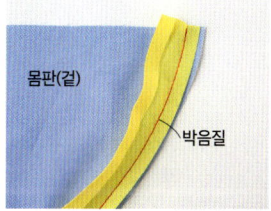

3 바이어스 테이프의 접음선 위를 박는다.

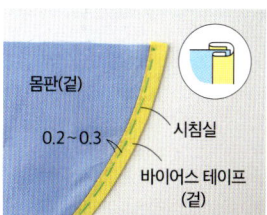

4 바이어스 테이프로 천 가장자리를 둘러싼 뒤 시침실로 박는다.

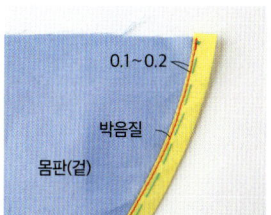

5 바이어스 테이프의 가장자리를 박고 시침실을 빼낸다.

주머니 만드는 법과 다는 법

네모
주머니

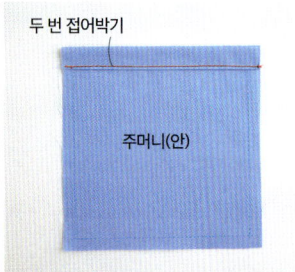

1 주머니 입구를 두 번 접어 박는다.

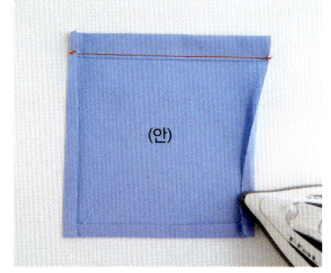

2 시접을 접고 다린다.

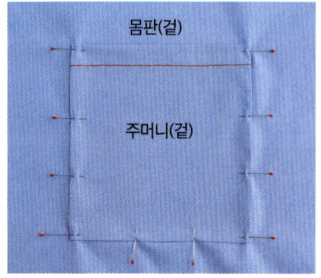

3 몸판에 주머니를 맞대고 시침핀으로 고정한다.

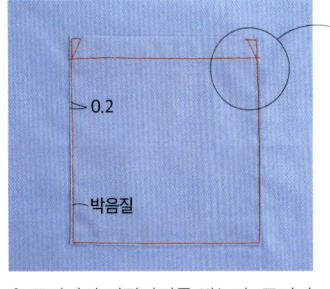

4 주머니의 가장자리를 박는다. 주머니 입구는 보강을 위해서 삼각형으로 박는다.

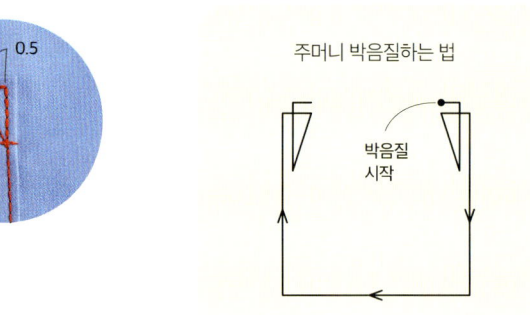

주머니 박음질하는 법

박음질 시작

모서리가
둥근
주머니

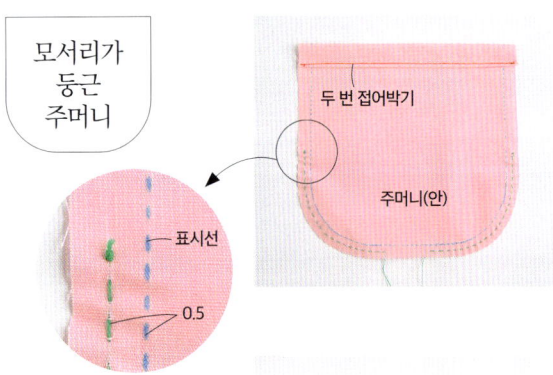

1
주머니 입구를 두 번 접어 박고, 곡선 부분을 시침실로 꼼꼼하게 손바느질한다. 박음질 끝은 고정하지 않고 실 끝을 남겨둔다.

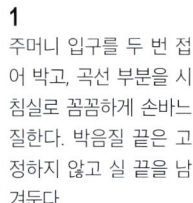

2
두꺼운 종이로 주머니의 곡선과 같은 모양으로 옷본을 만든다. 완성선보다 살짝 안쪽을 잘라서 조금 작게 만든다.

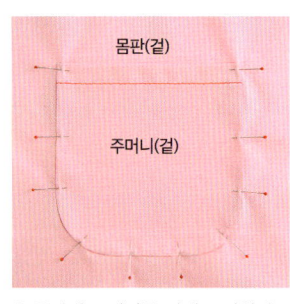

3 주머니의 안쪽에 옷본을 올리고 실을 당겨서 시접을 접고 다린다.

4 몸판에 주머니를 맞대고 시침핀으로 고정한다.

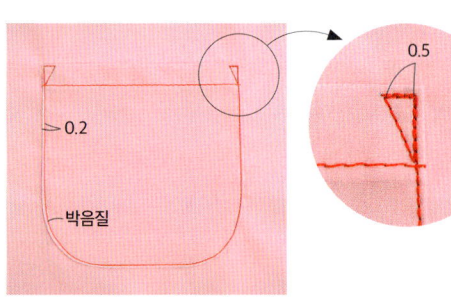

5 주머니의 가장자리를 박는다. 주머니 입구는 보강을 위해서 삼각형으로 박는다.

치수에 대해

작품은 프리 사이즈입니다. 어깨끈이나 허리끈의 길이나 단추 위치를 수정하여 어느 정도 치수를 조절할 수 있습니다. 이 책에서는 만드는 법 페이지에 실물 크기 옷본 제도를 실었으니 완성 치수나 아래 치수표를 참고하세요.

참고 치수(신체치수)

(단위 cm)

치수 부위	S	M	L	LL
가슴둘레	78	82	88	94
허리둘레	62	66	70	76
엉덩이둘레	88	90	94	98
키	156	158	163	165

제도 기호

———	완성선 (굵은 지시선)	←→	식서 (화살표 방향이 식서 방향을 가리킨다.)
———	안내선 (가는 지시선)	⌒⌒	등분선 (같은 치수를 나타내는 기호를 붙이기도 한다.)
——→	안내선 (선 연장하기)	● ○ × △ ● ※ ★ etc.	옷본끼리 같은 치수로 맞추라는 표시 (모양에 규칙은 없다.)
— — —	골선, 접음선	⁄⁄⁄	심지 표시
— · — · —	안단선		
⌐	직각 표시		주름 잡는 법을 표시 (빗금이 높은 쪽에서 낮은 쪽으로 옷감을 접는다.)
○	단추		

옷감 마름질하는 법

이 책의 실물 크기 옷본에는 시접이 포함되어 있지 않습니다. 만드는 법 페이지의 '옷감 마름질하는 법'에 적힌 시접 치수를 더한 옷본을 만들어서(p.86) 옷감을 마름질합니다.

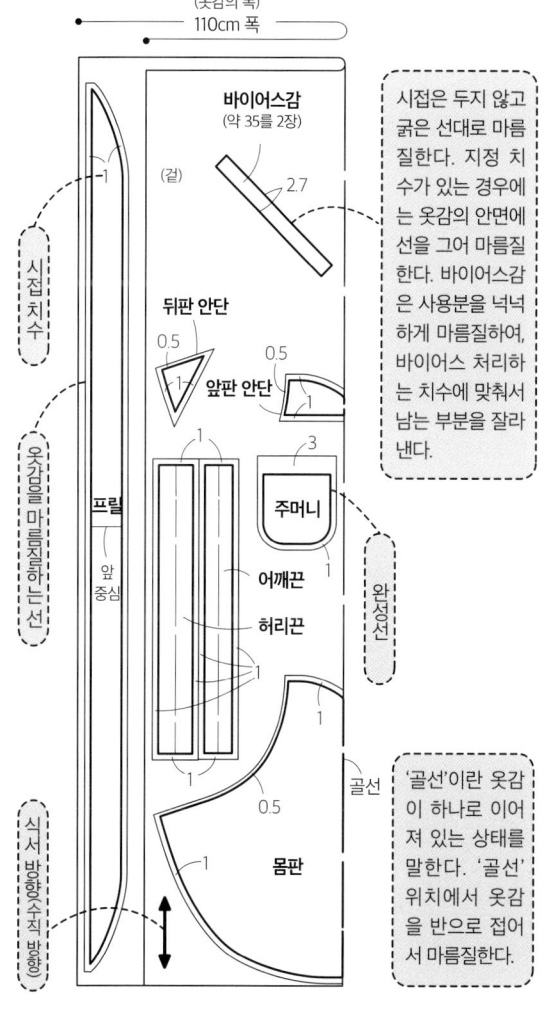

(옷감의 폭)
110cm 폭

바이어스감
(약 35를 2장)

(겉)

2.7

뒤판 안단
0.5   0.5
앞판 안단

프릴   주머니

앞중심   어깨끈   완성선

허리끈

몸판   골선

시접은 두지 않고 굵은 선대로 마름질한다. 지정 치수가 있는 경우에는 옷감의 안면에 선을 그어 마름질한다. 바이어스감은 사용분을 넉넉하게 마름질하여, 바이어스 처리하는 치수에 맞춰서 남는 부분을 잘라낸다.

'골선'이란 옷감이 하나로 이어져 있는 상태를 말한다. '골선' 위치에서 옷감을 반으로 접어서 마름질한다.

옷감 방향

식서 방향: 원단의 세로 방향. 천의 변폭과 평행하다.

푸서 방향: 원단의 가로 방향. 원단 폭과 평행하다.

바이어스 방향: 원단의 식서 방향에 대해 사선 45도 방향. 늘어나는 성질이 있으며, 목둘레나 진동둘레 등 바이어스 테이프 처리에 많이 사용된다.

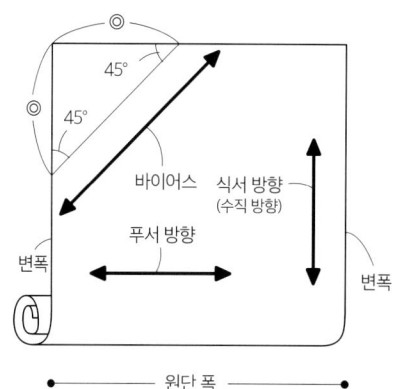

45°   45°

바이어스   식서 방향
(수직 방향)

푸서 방향

변폭   변폭

원단 폭

표시하는 법

2장을 한꺼번에 마름질할 때

옷감 사이(안면)에 양면 먹지를 끼우고 소프트 룰렛으로 완성선을 덧그립니다. 맞춤점이나 주머니 위치도 잊지 말고 표시합니다.

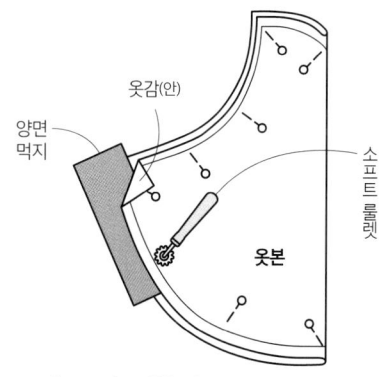

옷감(안)

양면 먹지

소프트 룰렛

옷본

1장으로 마름질할 때

옷감 안면과 단면 먹지의 잉크가 묻은 쪽을 맞대고 소프트 룰렛으로 완성선을 덧그립니다.

기본적인 손바느질

◆ 홈질

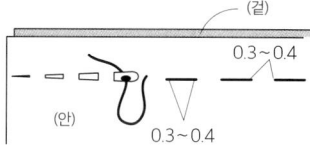

(겉)

0.3~0.4

(안)   0.3~0.4

◆ 촘촘한 홈질

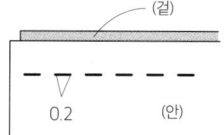

(겉)

0.2   (안)

◆ 시침질(성긴 홈질)

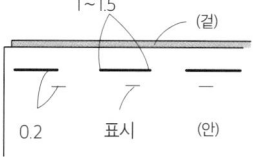

1~1.5   (겉)

0.2   표시   (안)

실물 크기 옷본 사용법

1. 실물 크기 옷본을 펼친다.

◆ 만들고자 하는 작품 번호의 옷본이 어떤 선으로 그려져 있는지, 몇 장으로 나뉘어 있는지 확인합니다.

---

2. 다른 종이에 본을 뜬다.

◆ 다른 종이에 본을 떠서 사용합니다. 본뜨는 법은 다음 2가지 방법이 있습니다.

비치지 않는 종이에 본뜨는 경우

본뜨는 종이 위에 옷본을 놓습니다. 먹지(단면)를 사이에 끼워 소프트 룰렛으로 옷본의 선을 덧그립니다.

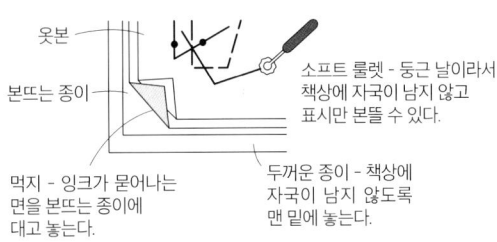

옷본

본뜨는 종이

먹지 - 잉크가 묻어나는 면을 본뜨는 종이에 대고 놓는다.

소프트 룰렛 - 둥근 날이라서 책상에 자국이 남지 않고 표시만 본뜰 수 있다.

두꺼운 종이 - 책상에 자국이 남지 않도록 맨 밑에 놓는다.

비치는 종이에 본뜨는 경우

옷본 위에 본뜰 비치는 종이(하도롱지 등)를 놓고 연필로 덧그립니다.

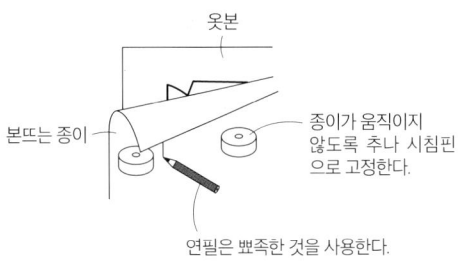

옷본

본뜨는 종이

종이가 움직이지 않도록 추나 시침핀으로 고정한다.

연필은 뾰족한 것을 사용한다.

[옷본을 본뜰 때 주의점]

○ [맞춤점], [다는 위치], [빈 곳 멈추기], [식서 방향] 등도 잊지 말고 본뜨고, 부분의 '명칭'도 적어두세요.

○ 1장의 옷본 부분 안에 '주머니'나 '덧댐천' 등의 다른 부분이 적힌 옷본이 있습니다. 본뜰 때는 따로따로 본을 뜹니다.

---

3. 시접을 두고 옷본을 마름질한다.

◆ 옷본에는 시접을 포함하지 않았으므로 만드는 법 페이지의 지시에 따라 시접을 두세요.

[시접을 둘 때 주의할 점]

○ 잇는 부분의 시접은 원칙적으로 같은 폭으로 합니다.

○ 완성선에 평행하게 시접을 둡니다.

○ 연장해서 시접을 둘 때는 본뜨는 종이에 여백을 남기고 시접을 되접어서 마름질하여 시접이 부족하지 않도록 합니다(예시 참조).

○ 원단 소재의 성질(두께, 연장 분)이나 빈 곳의 위치(뒤판 중심, 앞판 중심 등) 및 봉제 방법에 따라 시접 폭이 달라집니다.

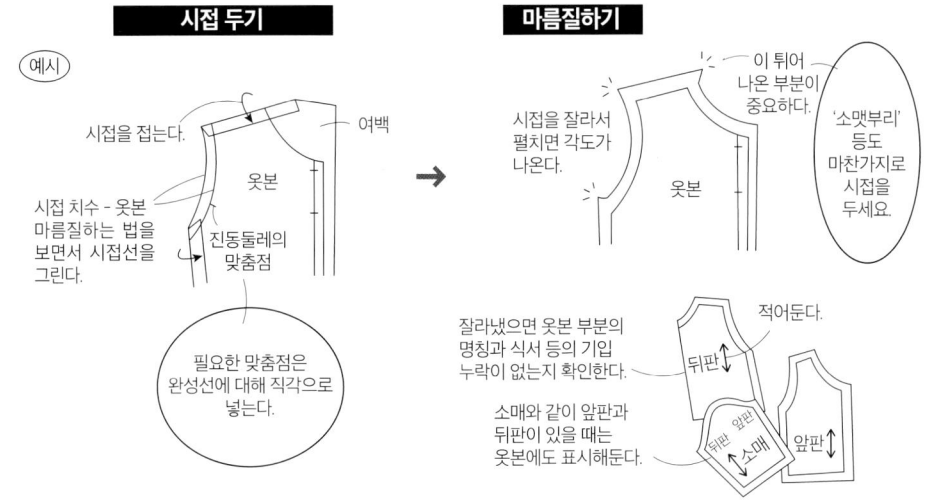

시접 두기

(예시)

시접을 접는다.

여백

옷본

시접 치수 - 옷본 마름질하는 법을 보면서 시접선을 그린다.

진동둘레의 맞춤점

필요한 맞춤점은 완성선에 대해 직각으로 넣는다.

마름질하기

이 튀어 나온 부분이 중요하다.

시접을 잘라서 펼치면 각도가 나온다.

옷본

'소맷부리' 등도 마찬가지로 시접을 두세요.

잘라냈으면 옷본 부분의 명칭과 식서 등의 기입 누락이 없는지 확인한다.

적어둔다.

뒤판

소매와 같이 앞판과 뒤판이 있을 때는 옷본에도 표시해둔다.

뒤판 소매 앞판

---

4. 옷본을 원단 위에 배치해서 원단을 마름질한다.

[옷본을 배치할 때 주의할 점]

○ 필요한 옷본을 원단 위에 놓아봅니다. 이때 원단 접는 법, 옷본의 식서 방향 등을 주의하면서 배치하고 옷감이 움직이지 않도록 조심하면서 마름질합니다.

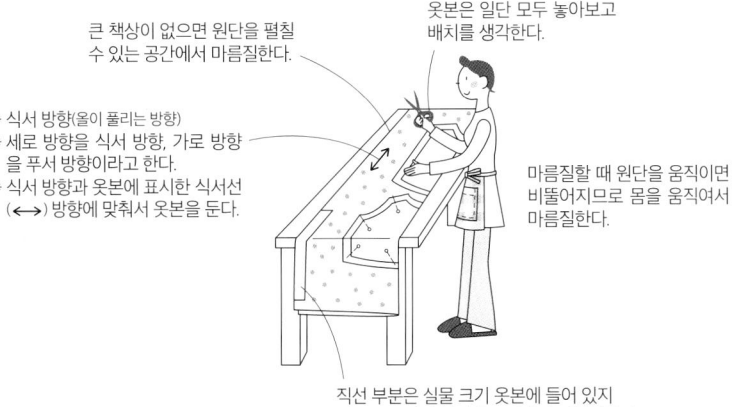

큰 책상이 없으면 원단을 펼칠 수 있는 공간에서 마름질한다.

옷본은 일단 모두 놓아보고 배치를 생각한다.

* 식서 방향(올이 풀리는 방향)
* 세로 방향을 식서 방향, 가로 방향을 푸서 방향이라고 한다.
* 식서 방향과 옷본에 표시한 식서선 (←→) 방향에 맞춰서 옷본을 둔다.

마름질할 때 원단을 움직이면 비뚤어지므로 몸을 움직여서 마름질한다.

직선 부분은 실물 크기 옷본에 들어 있지 않으므로 직접 원단에 표시해서 마름질한다.